日本の遺跡 20

日根荘遺跡

鈴木陽一 著

同成社

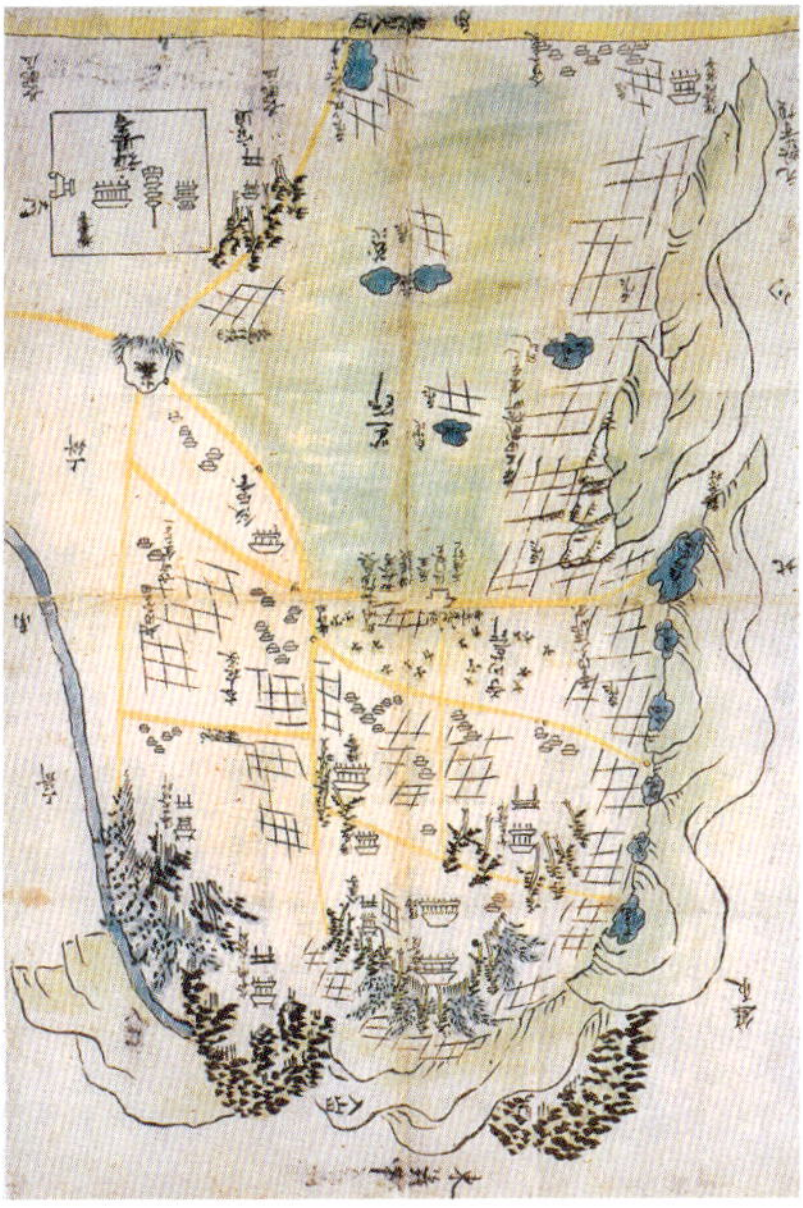

現在の泉佐野市（上）と宮内庁書陵部所蔵の『日根荘日根野村荒野開発絵図』（下）絵図に描かれた寺社やため池などが、ほぼそのままの位置に現存し比定できる。なお、絵図は上の写真との対比のため、天地を逆に掲載している。

慈眼院多重塔（上、国宝）と
金堂（下）
中世に日根荘の直接経営にあたった九条政基の院号「慈眼院」と同名の寺院。九条家による日根荘支配の名残を残す。

日根神社　絵図では大井関大明神として描かれている。

西光寺薬師三尊像　日光菩薩の台座裏に年号の墨書があり、久安元（1145）年という年代が特定できる。

長福寺跡仏堂跡（上）と出土遺物（下）
日根荘遺跡の国史跡指定15地点のうち、唯一考古学的成果による指定地。史料では九条政基が文亀元（1501）年から3年間滞在したとされていたが、長らく伝承として知られるのみであった。

目 次

カバー写真　大木地区遠景
装丁　吉永聖児

日根荘遺跡

Ⅰ　二枚の荘園絵図

一九九四（平成六）年九月、関西経済発展の期待を背負って関西国際空港が開港した。この国際空港は、日本では初めてとなる二四時間空港として大阪湾上に建設されたわけであるが、その対岸には、面積五四・三八平方キロ、人口約一〇万人の市民が生活する泉佐野市が位置している（図1）。

泉佐野市は、大阪府の南部、大阪市と和歌山県和歌山市とのほぼ中間部となる泉南地域に位置している。その地形は、大阪府南部を東西に貫くように細長い市域となっており、北西は大阪湾に面し、北東は貝塚市、熊取町。南西は田尻町、泉南市に、南東は和泉山脈の分水界を境として和歌山県に接している。

大阪都心からは、約三〇～四〇キロ離れたところではあるが、南海本線またはＪＲ阪和線ともに約三〇分間の距離で交通の便もよく、最近では宅地開発が頻繁におこなわれるようになっている。

泉佐野市の沖合い、約五キロに所在する空港島は、田尻町および泉南市と分け合っており、全体の三分の一が本市域に編入され、空港連絡橋によって結ばれている（図2）。

この泉佐野市は、今から約七七〇年前の鎌倉時

図1　日根荘と泉佐野市遠景

代から戦国時代にかけて、市域のほぼ全域にわたって京都の有力守護のひとつであった「九条家」の支配する中世荘園の時期があった。

この中世荘園をテーマに、「歴史館いずみさの」が総合文化センターの一角にオープンしたのは、二〇〇〇（平成十二）年のことである。

歴史館では、中世荘園の姿を紹介するため、数多くの関連資料を展示しているが、そのなかでもひときわ注目される展示品として、二枚の絵図（レプリカ）が存在する（図3・4）。

絵図の名称は、「日根荘《ひねのしょう》日《ひ》根《ね》野《の》村《むら》荒野《こうや》開発《かいはつ》絵図《えず》」と、「日根荘日根野村・井原村荒野開発絵図」で、九条家支配の「和泉国日根荘」に含まれた村の様子を描いたものである。

絵図は、ともに縦八五センチ、横三九センチほどの際立って大きなものではないが、どちらも鎌倉時代の村の様子を視覚的に伝えてくれる重要な資料と

図2　泉佐野市の位置

されている。

この二枚の絵図の原本は、摂関家として栄華を誇った九条家から、戦後宮内庁に同家の古文書とともに移管され、長らく宮内庁書陵部の保管により公開されることがなかったものである。

一九六一（昭和三十六）年、図書寮叢刊として九条家文書から『政基《まさもと》公旅引付《こうたびひきつけ》』が初めて公刊されたが、この『旅引付』の口絵のなかに一枚の絵図が掲載された。それが「日根荘日根野村荒野開発絵図」であり、初めて研究者などに広く知られるところとなった。

その後、一九七一（昭和四十六）年からは、『九条家文書』も図書寮

図３　日根荘日根野村荒野開発絵図（宮内庁書陵部所蔵）

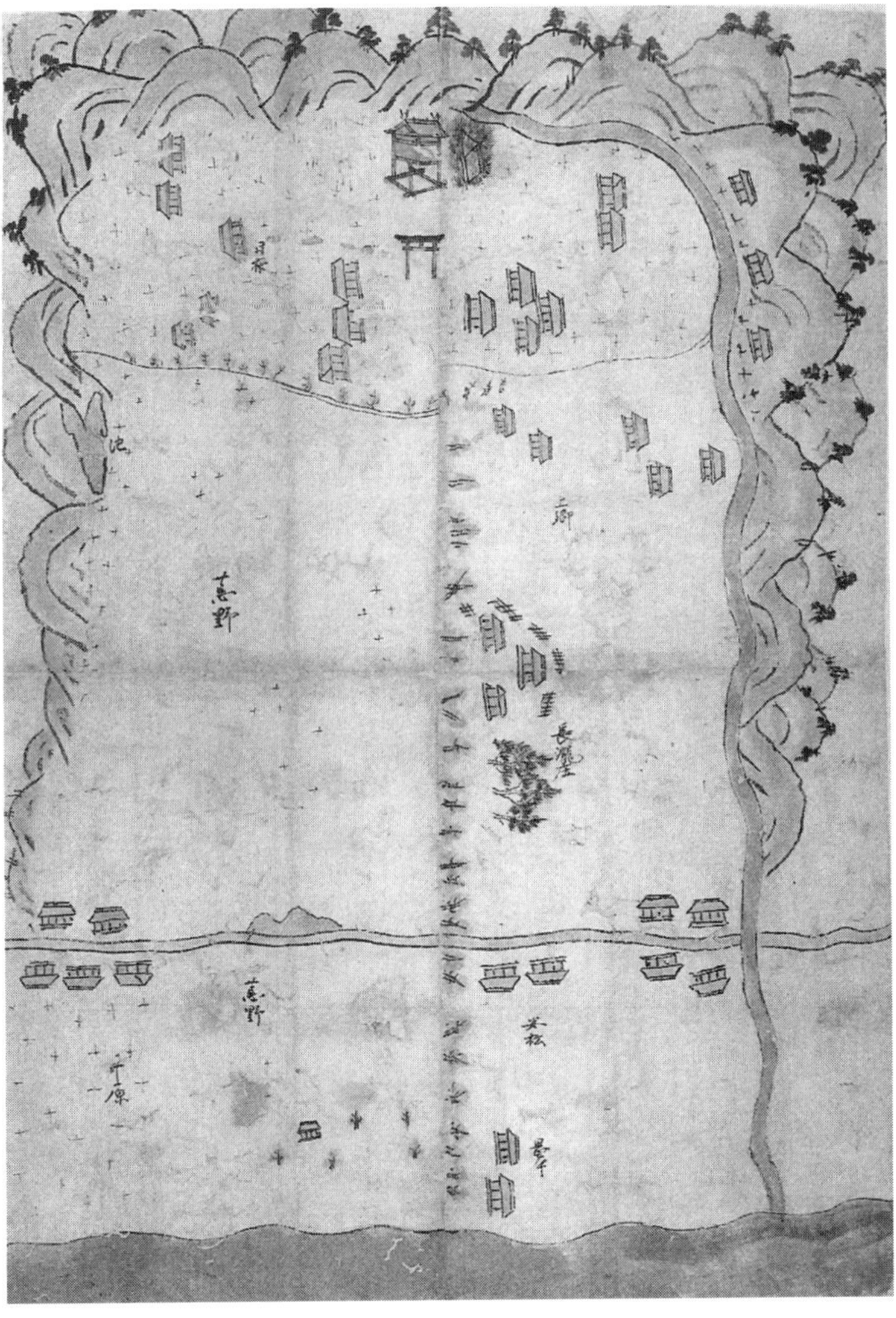

図 4　日根荘日根野村・井原村荒野開発絵図（宮内庁書陵部所蔵）

図５　久米田寺

叢刊として公刊されるところとなり、その第一巻に日根荘関係史料として先の絵図と「日根荘日根野村・井原村荒野開発絵図」の二点が口絵として紹介された。

これより後、この二枚の絵図をもとに、鎌倉時代の日根野地域における村落や開発に関する研究が活発におこなわれるようになってくる。

「日根荘日根野村荒野開発絵図」は、鎌倉時代末期の一三一六（正和五）年六月十七日、荘官の下司代と公文代により作成されたもので、日根荘に属した村の一つである日根野村を描いた絵図である。この絵図が作成された目的は、九条家と縁のあった大阪府岸和田市の久米田寺に日根荘内の荒野の開発を請け負わせることになり、久米田寺はその開発にあたって、対象となる荒野の範囲を示すために当絵図を作成したものと推定されている。

たしかに絵図中には、開発の対象地であろう「荒野」という文字や既耕地である「古作」などの文字が記されており、開発に関するものであったことが確認できる。そのような背景によって作成されたものではあるが、当絵図には日根野村の村落形態が克明に描かれており、われわれを大いに驚かしてくれる。絵図の底辺には、ほぼ真横に「熊野大道（今の熊野街道）」が描かれ、その上部には日根野村の様子が描かれている。それによれ

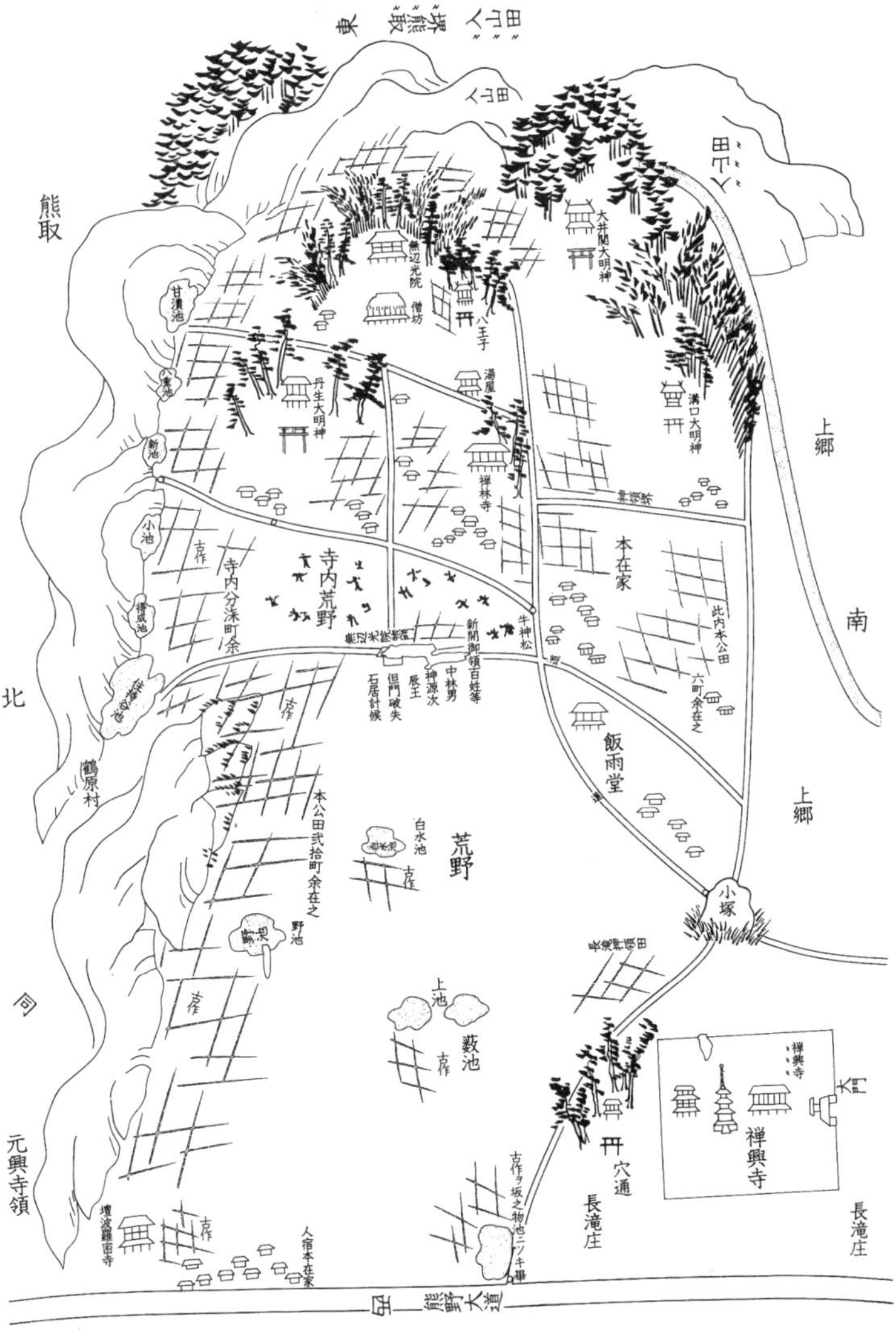

図6　「日根荘日根野村荒野開発絵図」解釈

ば、村には一〇カ所あまりの集落と大井関大明神・八王子・丹生大明神などの神社のほか、無辺光院・禅林寺・飯雨堂などの寺院が描かれている。

また、集落間には井桁状の表記で描かれた水田の広がっている様子や、北側に隣接する熊取との境にある山裾には甘漬池・八重池・新池・小池・得成池・住持谷池・泉池（白水池）など灌漑施設などが、さらには絵図の中央下には荒野があり、熊野大道から分岐した道の途中には村境を示す小塚や牛神信仰にかかわる牛神塚などもみられる。

そのほか、日根野村に隣接する長滝には古代寺院の禅興寺や穴通神社（蟻通神社）が、熊野大道に接しては壇波羅密寺などが描かれている（図6）。

一方、「日根荘日根野村・井原村荒野開発絵図」には裏書がないことから作成年代については明らかとはなっていないが、既耕地と荒野の区別を「井」または「土」などの印を用いて明確に表現していることから、日根野・井原両村の荒野の所在場所を示す意図が読み取られる絵図である。

天を河川の上流とし、街道（おそらく熊野大道）を越えて河川が注いでいる海と思われるものを地としており、先の絵図よりも広い範囲を描いている。九条家文書から一三一〇（延慶三）年に日根野・井原両村の開発が試みられたことが判明しており、この絵図はおそらくこの頃に描かれたものと考えられている。

表現は稚拙であり、日根野・井原両村以外には「上郷」「安松」「岡本」地域が日根荘に存在することと、日根荘の南側には「長滝荘」が存在していたことを表現するにすぎない。

日根野村の中央には神社の鳥居と祠が描かれているが、これは「大井関大明神」を示すものであ

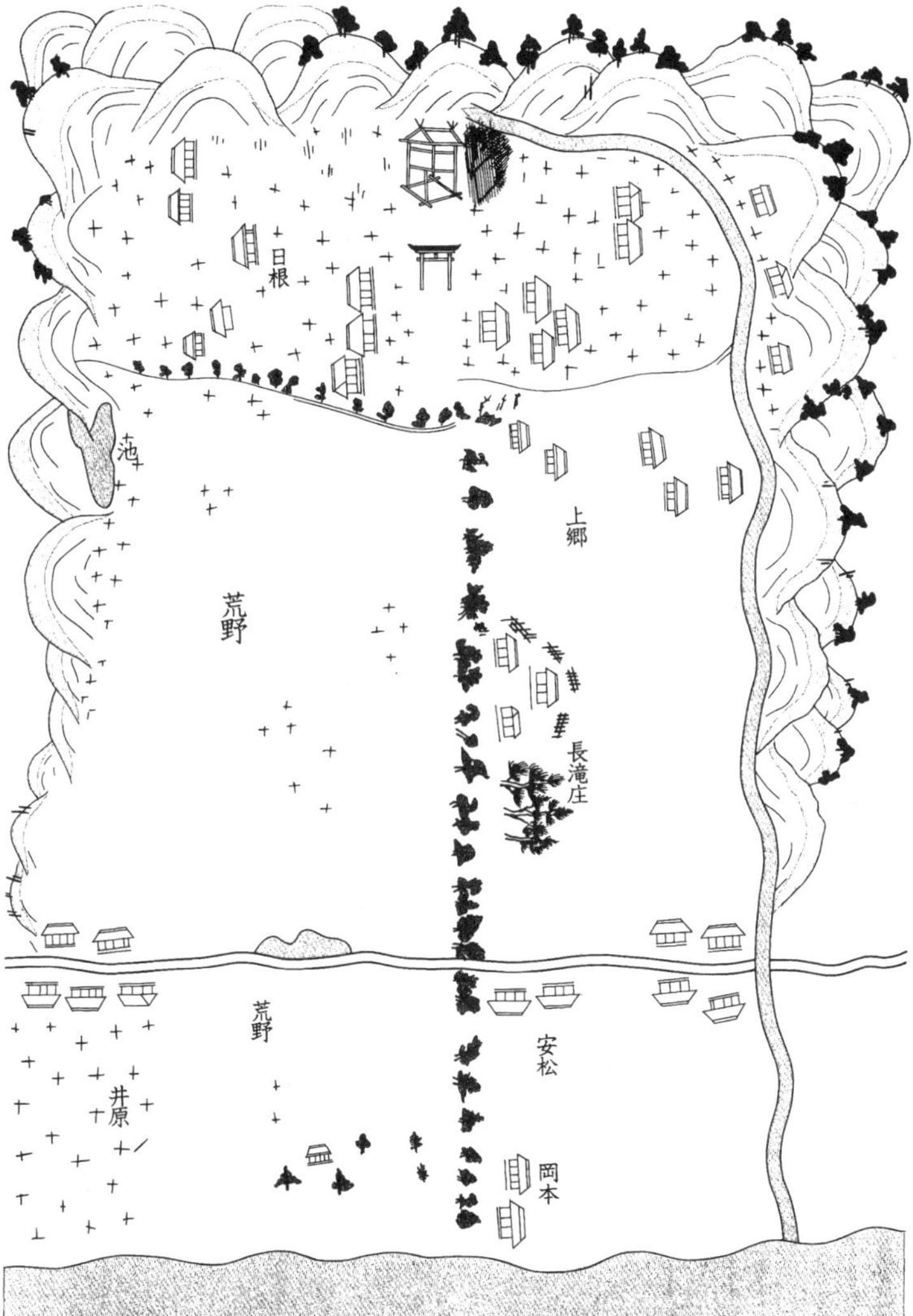

図 7　「日根荘日根野村・井原村荒野開発絵図」解釈

ろう。また、長滝庄の文字とともに描かれた柵に囲まれた三棟の建物と三本の松は、それぞれ「禅興寺」「穴通神社（蟻通神社）」であると考えられる（図7）。

このように両絵図の作成は、未開発地の範囲とその開発を目的として作成されたものであることは間違いのないところであろうが、当時の村の形態とその構成を良好に表現しているところから、現在では中世史、とくに中世荘園の研究者にとってはバイブル的な史料として欠くことのできないものとなっている。

それでは、この両絵図に描かれた和泉国日根荘とはどのような荘園であったのであろうか。

Ⅱ　和泉国日根荘

1　日根荘の概要

和泉国日根荘は、大阪府南部の泉佐野市域にあった九条家領荘園で、家祖藤原兼実の孫にあたる前関白九条道家の申請によって一二三四（天福二）年に立件され、天文年間（一五三二〜五四）にいたるまで存続した。荘域は、現在の泉佐野市の北西部付近を除いたほぼ全域に相当し、大阪湾に面する海岸部から和泉山脈の山間部地帯までの広大な範囲を占めている。立件当初の検注によると、日根荘は日根野村・入山田村・井原村・鶴原村の四カ村によって構成されていたが、室町時代には上之郷も含まれ、五カ村によって構成された時期もあった。

日根荘が成立した当初は、未開発地である荒野が広大に広がっていたことから、鎌倉後期の僧実専や九条家菩提寺の末寺であった大阪府岸和田市にある久米田寺などによって大規模な開発がおこなわれ、九条家にとっては全国各地に領有する三〇数カ所の荘園のなかでも重要な荘園として位置づけられていく。

南北朝期に入ると、たびたびの戦乱や武士の押領などにより九条家の直接支配は弱体化する。室町中期には、支配可能となった領域は日根野の一部と入山田の両村だけとなり、他村は実質的には和泉国守護細川氏の支配する状況となった。しかしながら全国で一二カ所まで減少してしまった九条家にとっては、依然重要な荘園としての位置を保ちつづけていた。

　その後、天文年間頃まではわずかながらも日根荘からの収入が継続していたようであるが、一五三三（天文二）年、日根野村からの段銭《たんせん》が九条家に納入されたのを最後に、日根荘から九条家が年貢等を徴収したことを記した史料等は確認されていない。こうしたことから、九条家による日根荘支配はこの頃に終焉を迎えたものと考えられている。

　南北朝時代末期から室町時代末期にかけては、日本国中が戦渦に巻き込まれる戦国時代へと向かっていくが、九条家支配の日根荘も、この時期には日根野村と入山田村の二村のみとなる。さらに十六世紀中頃には、永かった九条家支配は終息を迎え、日根荘は根来寺《ねごろでら》の支配下となる。

2　九条家と日根荘

日根荘を領地とした九条家は、五摂家の一つで藤原氏北家の嫡流より分かれた（図8）。家名の始まりは、藤原兼実が京都九条に邸宅を構えたことから、九条右大臣とよばれたことによるとされる（図9）。兼実は、源頼朝の援護のもと摂政、関白と登りつめるが、これ以降九条家と近衛家の二家から関白を輩出することとなっていく。

　平安時代の末頃、兼実の父である藤原忠通が摂関家領をほぼ総領するが、総領した大部分は長子基実に、また一部を女子聖子に譲った。これによって、前者が近衛家領となり、後者を基に九条家領の成立をみることとなる。

鎌倉時代、兼実の孫にあたる九条道家は、子を摂家将軍としたことから鎌倉幕府と結んでその権勢を大いに振るった。このとき新たに良実が二条家、実経が一条家となり、九条家を家督した教実とともに摂政・関白となる。また、近衛家も家実の子兼平が鷹司家となり、近衛家を家督した兼経とともに摂政・関白となる。このように鎌倉時代の中頃には、近衛・九条の二家に鷹司・二条・一条が加わり、「五摂家」が成立した。

さて、九条家の家領は九条道家の時代に最盛期を迎え、東福寺などの寺院領も含めると総数は一二〇カ所を数えた。九条道家は、鎌倉幕府の推挙によって一二二八（安貞二）年には関白に就任し

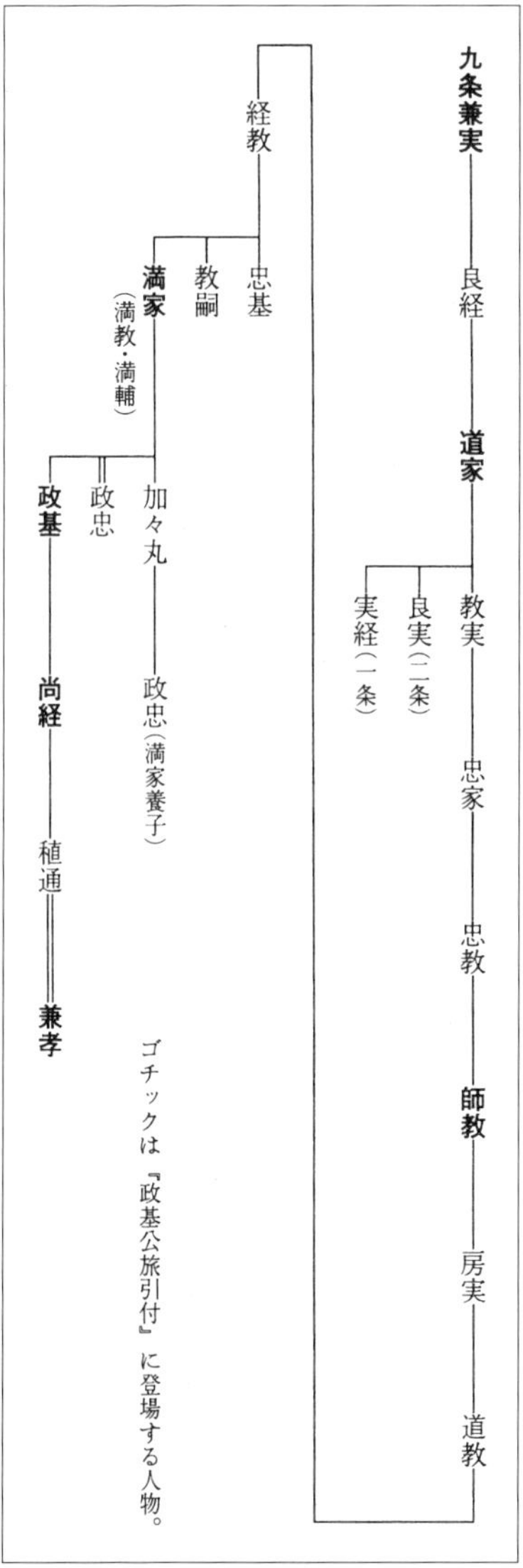

図8　九条家歴代系図

朝廷への影響力も強大となっていくが、そうした背景のなか、一二三四（天福二）年に朝廷は九条家領として日根荘の成立を認可することとなる。

成立当初の荘域は、東限を葛城の峰、南限を於雄郷、西限を海、北限を甲斐田川とし、上之郷と禅興寺・長滝荘・熊取荘などを除いた地域となっていた（図10）。

最盛期には、全国に一二〇カ所の所領を得た九条家も、道家以後、一三三六（建武三）年には四〇カ所、一三九六（応永三）年には一六カ所と減少し、一五七四（天正二）年には京都近郊地以外はほとんどが不知行地となっていく（表1）。

図9　新宮神社（九条通のすぐ南にある。このあたりが東九条境内であった）

図10　日根荘の範囲と村

表1　日根荘関係年表

年	出来事
1205	高野山の僧鑁阿　日根野荒野などの開発を試みるが失敗
1222	高野山の僧　再度日根野荒野などの開発を試みるが失敗
1233	中原盛実　長滝荘荘官となる
1234	九条家領日根荘成立
1266	九条家政所　中原盛経を日根荘井原村預所職に任命
1272	九条家政所　中原盛経を日根荘入山田村の預所職に任命
1310	僧実専(実行上人)九条家から日根野村・井原村の開発を請け負う
	(このころ日根野村・井原村絵図が描かれる)
1316	久米田寺　九条家から日根野村荒野の開発を請け負う(日根野村絵図が描かれる)
1325	中原盛治　四条局から長滝荘荘官職を相続する
1336	日根野道悟(中原盛治)　畠山国清の樫井城　挙兵に参加
	足利尊氏　九条家領での武士の違乱の停止を命じる
1359	足利義詮　日根荘での違乱の停止を命じる
1403	足利義満　日根荘を九条家に返還する措置をとる
1410	和泉国守護細川頼長　入山田村の半分を建仁寺永源庵へ寄進
	足利義時　日根荘返還を命じるが実現せず
1417	日根荘で百姓請
1420	九条家の支配回復　代官派遣を相国寺鹿苑院にゆだねる
1429	日根野村・入山田村が九条家支配になる
1431	十二谷下池の分水・管理について日根野村・井原村・檀波羅密寺が契約を結ぶ
1457	日根野秀盛ら泉南の国人9名が一揆の契約を結ぶ
1490	根来衆　井原村を占拠し、九条家に日根野荘代官職を要求
1501	九条政基が日根荘で直接支配をおこなう(『政基公旅引付』が記される)
1504	根来寺の僧が日根荘の代官となり、九条政基は帰京する
1516	九条政基死去
1533	日根荘から九条家へ段銭が送られた最終の史料

このような経緯をたどる九条家領の一つであった日根荘であるが、他荘と同様に時代が経過するにつれ直接の知行地は激減していくこととなる。しかしながら、日根荘は九条家にとっては最後まで重要な荘園として位置づけられていたようである。そのことは、九条家による日根荘支配の建て直しがいく度となく試みられていたことで理解される。

そのなかでも、一五〇〇(明応九)年に起こった畠山尚順と和泉守護細川元有・基経との争乱を契機とした両守護方による押領は、日根荘の九条家支配に最大の危機をもたらせる結果となった。

この事態の解決を図るため、当時九条家の家政全般を主導していた九条政基が現地に赴き、荘園経営の再建が図られている。時に和泉国の乱の翌年となる一五〇一（文亀元）年のことである。この年より足かけ四年にわたって、日根荘入山田村における政基の現地支配が実施されることとなるが、時勢の流れを止めることはすでに不可能であり、九条家による日根荘支配は着実に終焉に向かい、先述したようにその数十年後には、荘園支配は終わりを告げるのである（図11）。

3　日根荘の研究

鎌倉時代から戦国期までの約三〇〇年間にわたる歴史的経過をたどった九条家領の日根荘は、現在全国でも著名な荘園の一つに数えられている。そうした背景には二つの理由がある。

一つは、先に述べた通り宮内庁書陵部所蔵の『九条家文書』をはじめとする荘園関連の資料が豊富に残されていること。そして二つ目は、現地にはいまも当時すでに存在していた寺社やため池、水路などの歴史的遺産が、中世以来の景観とあいまって良好に残されていることにある。

書陵部所蔵資料のなかでは、とくに鎌倉後期の「正和五（一三一六）年注進」といった裏書をもつ「日根荘日根野村荒野開発絵図」と『政基公旅引付』が、中世荘園の歴史的事実の解明を進めるうえで不可欠な資料として重要とされている。

「日根荘日根野村荒野開発絵図」は日根野村を克明に描いた荘園絵図であるが、当時の和泉地域の村落景観と開発の様子を視覚的に伝えてくれるものとして、日本中世史研究においてはとくに利用頻度の高いものとなっている。また『政基公旅引付』は、一五〇一（文亀元）年から約四年間にわたって入山田村に滞在した九条政基の在荘日記であるが、戦国初期における畿内村落の実態の様子を記録として綴った全国的にも数少ない貴重な史料と認識されている。

このように豊富な歴史資料が残されていることから、日根荘の研究は歴史学の分野から盛んにおこなわれてきており、その論文も優に百を超え、中世荘園研究史においては最も代表的な荘園として注目されてきた。

従来おこなわれてきた研究内容について触れてみると、大きく分類すれば、やはり先述の二つの資料を活用の主役に据えながら、鎌倉末期の開発に関連する問題をとり上げたものと、戦国期における荘園領主の直接支配の実態と村落自治に関する点を問題としてとり上げたものとに二分されている。両者の研究は日根荘の実像の解明を進める上でたいへん重要な役割をはたしてきており、今では中世史学の研究において欠くことのできないものとなっている。

日根荘の今日までの研究は、文献史学の主導によって進められ、その歴史的事実の解明に重要な役割を担い、中世期における地域の実像を明らかとしてきた実績を誇っている。

しかしながら近年、関西国際空港の建設を契機とした大規模な開発が、日根荘域に所在している中世遺跡（埋蔵文化財包蔵地）にまで波及するケースが急速に増加している。このことにより、まとまった調査面積をもった数多くの発掘調査がおこなわれることとなり、中世期の集落、あるいは絵図に描かれた寺院などに関連した遺構や遺物の発見などが相次ぎ、貴重な考古学的成果の把握と研究がようやく進められてきはじめた（図12）。

このような考古学的な研究は、地域の新たな歴史像の解明を進めていく上では不可欠な手法であ

図11　日根荘の移りかわり
①日根荘の成立
②日根荘の開発
③武士の進出
（南北朝期）
④九条政基の直接支配
（戦国時代初期）
⑤日根荘の終焉
（戦国時代末期）

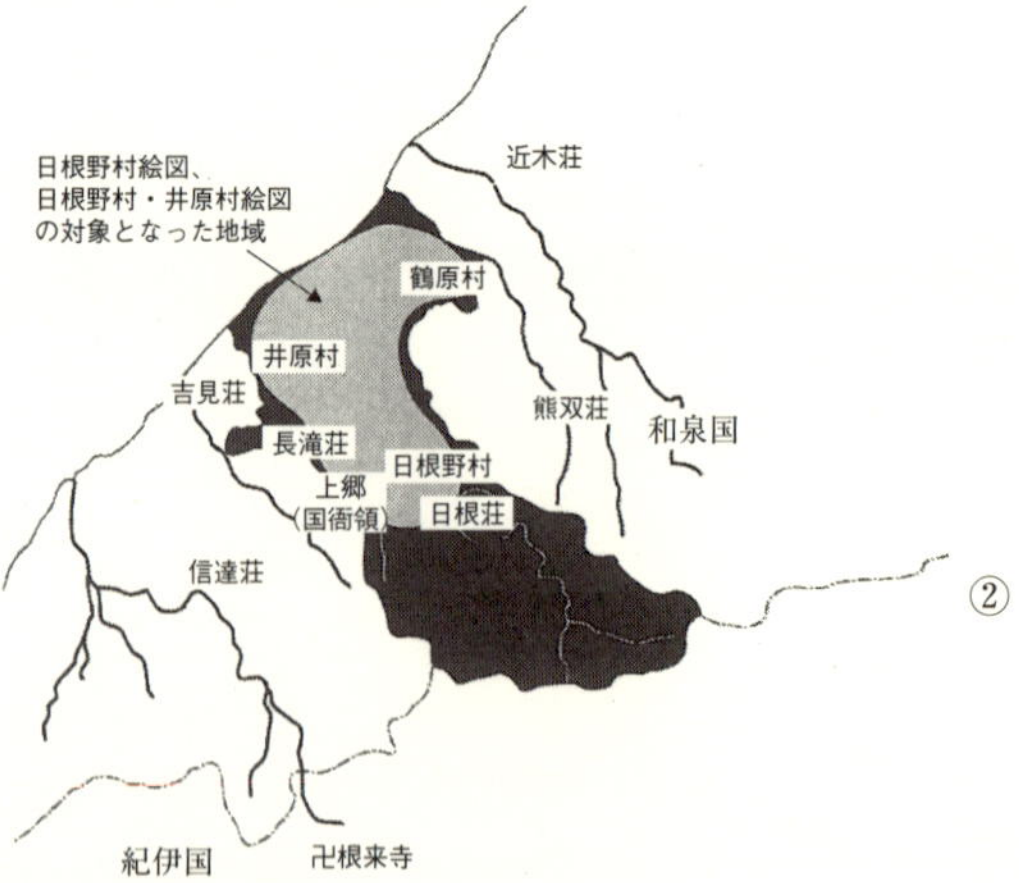

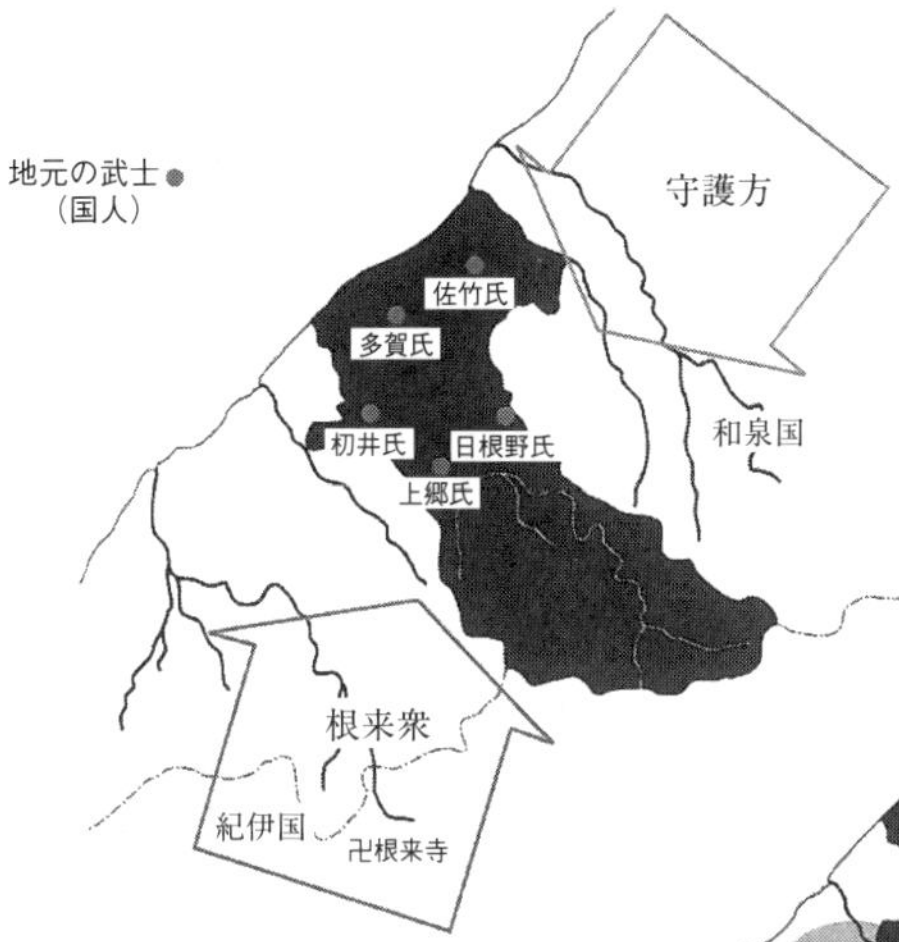
地元の武士
（国人）
守護方
佐竹氏
多賀氏
初井氏
日根野氏
上郷氏
和泉国
根来衆
紀伊国
卍根来寺

③

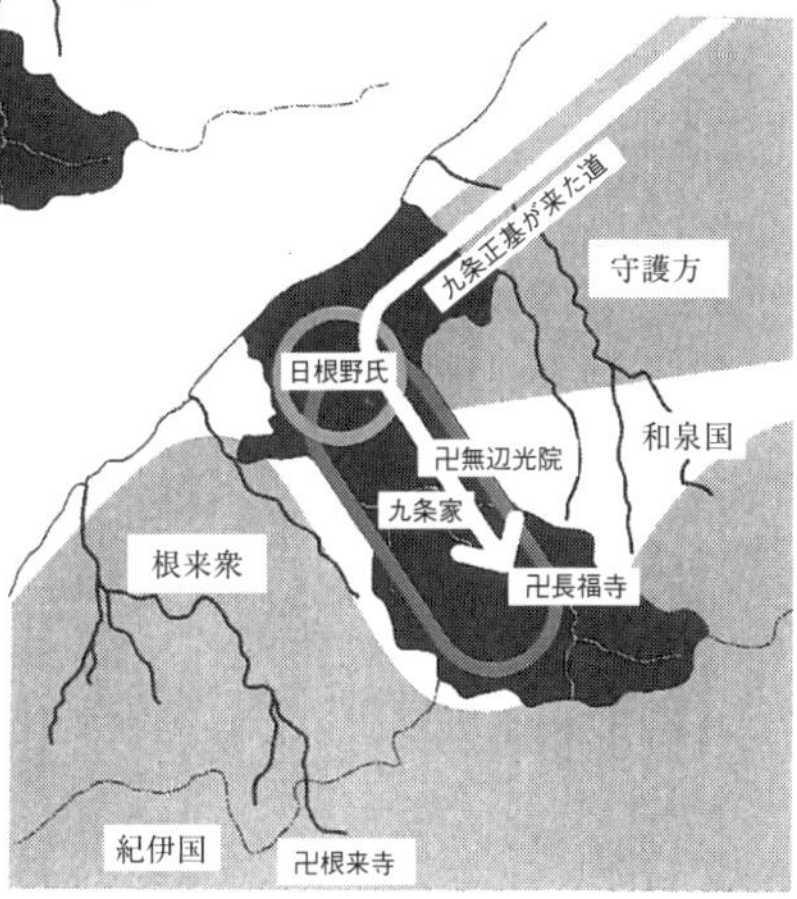
九条正基が来た道
守護方
日根野氏
卍無辺光院
和泉国
九条家
根来衆
卍長福寺
紀伊国
卍根来寺

④

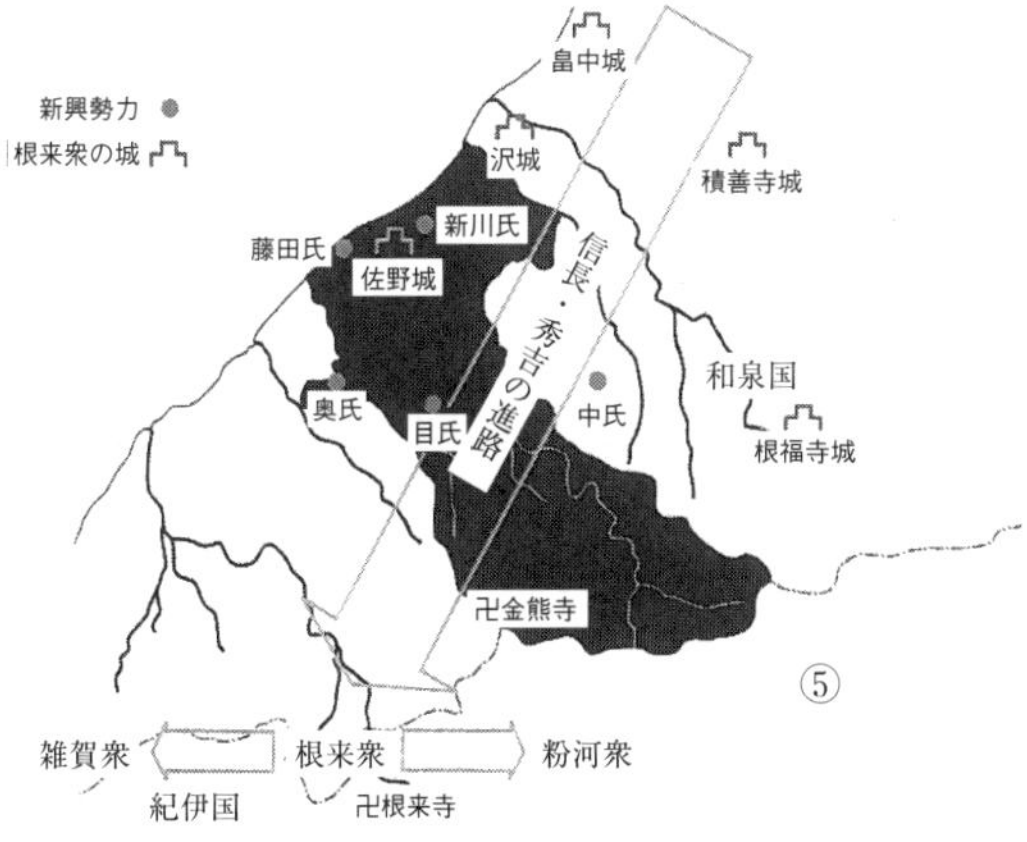
新興勢力
根来衆の城
畠中城
沢城
積善寺城
新川氏
藤田氏
佐野城
信長・秀吉の進路
和泉国
奥氏
目氏
中氏
根福寺城
卍金熊寺
雑賀衆
根来衆
粉河衆
紀伊国
卍根来寺

⑤

図12　空港連絡道路の関連遺跡

図13　日根荘の発掘調査風景

ることはもとより、日根荘の具体的な実像の解明を進めていくためには、今後重要な位置を占めていくことはまちがいない（図13）。

　その成果の一つとして、長らく伝承として知られるのみであった入山田村（大木）に所在していたとされる「長福寺」は、二〇〇四（平成十六）年の発掘調査によって寺院に関する遺構・遺物が

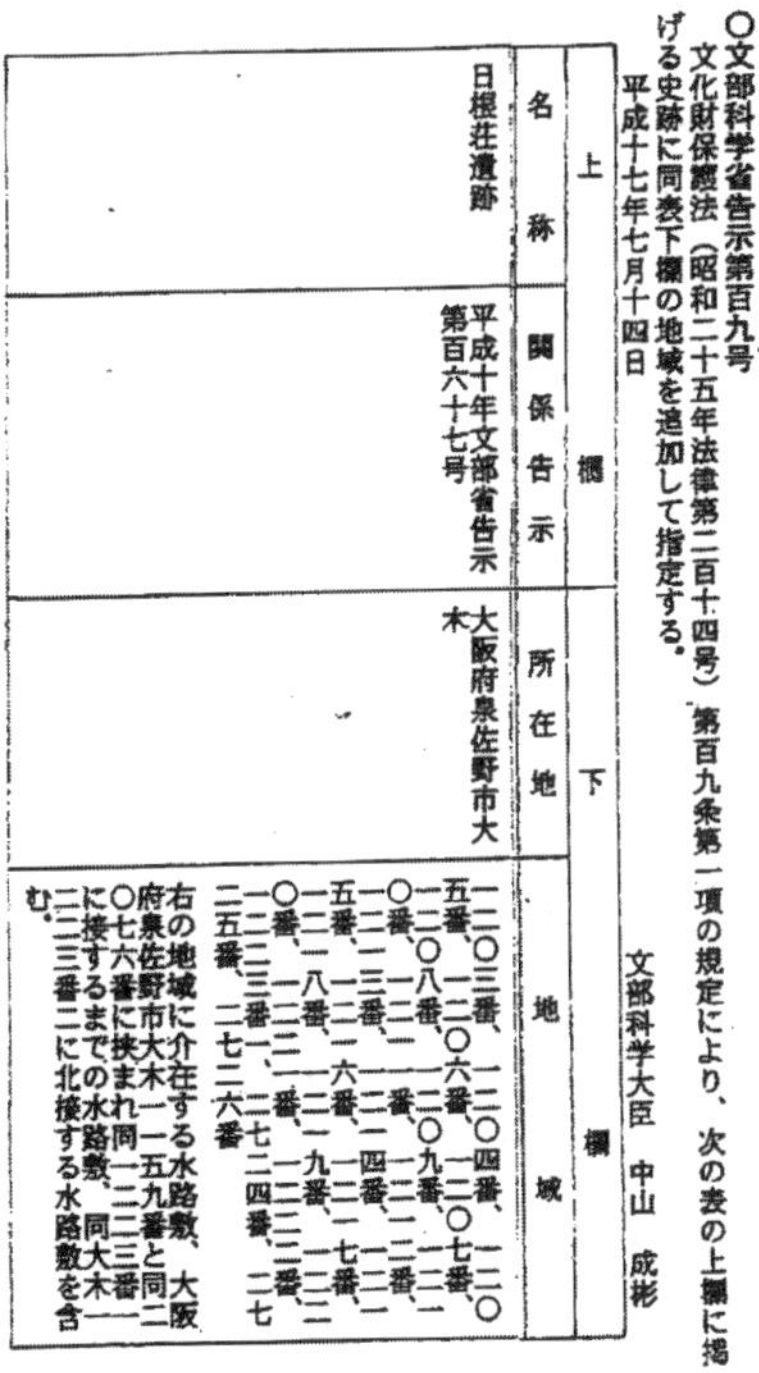

○文部科学省告示第百九号

文化財保護法（昭和二十五年法律第二百十四号）第百九条第一項の規定により、次の表の上欄に掲げる史跡に同表下欄の地域を追加して指定する。

平成十七年七月十四日　　文部科学大臣　中山　成彬

上欄		下欄	
名称	関係告示	所在地	地域
日根荘遺跡	平成十年文部省告示第百六十七号	大阪府泉佐野市大木	一二〇三番、一二〇四番、一二〇五番、一二〇六番、一二〇七番、一二〇八番、一二〇九番、一二一〇番、一二一一番、一二一二番、一二一三番、一二一四番、一二一五番、一二一六番、一二一七番、一二一八番、一二一九番、一二二〇番、一二二一番、一二二二番、一二二三番、一二二七ー二四番、一二二七ー二五番、一二二七ー二六番 右の地域に介在する水路敷、大阪府泉佐野市大木一一五九番と同一二〇七六番に挟まれ同一二二三番一に接するまでの水路敷、同大木一二二三番二に北接する水路敷を含む。

図14　文部科学省告示第109号

発見され、初めてその実像が明らかとなった。この具体的な事実（考古学的成果）を元に、二〇〇五（平成十七）年五月二十日の文化審議会において「長福寺跡」と認められ、史跡日根荘遺跡の一五地点目の追加指定地点として、答申を受けることへと繋がったのである（図14）。

Ⅲ　史跡日根荘遺跡

1　荘園村落遺跡の史跡指定

日根荘は中世以来の歴史資料が九条家文書として宮内庁書陵部に伝来し、それらを用いた調査・研究の成果が専門書だけでなく、多くの一般書や教科書でも紹介され、全国の荘園遺跡のなかでも最も著名な一つとして広く知られている。さらには現地の自然環境や荘園を構成する寺社やため池、水路が現在もその形態を維持しながら使用されており、研究成果と現地との比較・対照が可能な歴史的景観が良好に残されていることなどから、全国初の国史跡の荘園遺跡として、一九九八（平成十）年十二月八日付、文部省告示第一六七号にて寺社やため池など一四地点が指定を受けた。さらには九条政基が現地で滞在した長福寺跡が二〇〇五（平成十七）年七月一四日付、文部省告示第一〇九号にて一五地点目の史跡地として追加指定を受けている（図14参照）。

日根荘遺跡が保持している特性と従来の史跡指定地とは異なる大きな特徴として、以下の点があげられる。

①絵図および旅引付など（以下、歴史資料と称する）により、荘園をめぐる具体的様相が明らかにされている。
②歴史資料に登場する寺社などの歴史的建造物が現存し、また地下遺構としても存在する可能性がある。
③歴史資料に記された寺社や水路、ため池などは、現在も住民の信仰や生産活動に利用されている。
④中世以来の地形や地割り、景観等が人びとの日常生活に活かされ、伝統的な営みのなかで継承されてきた文化的景観が良好に残されている。

以上の四点であるが、とくに四点目の文化的景観としての価値を顕著に有する文化財であることを文化庁が積極的に評価したことにより、荘園総体の遺跡として重要であると判断され、史跡指定を受けたものである。

このように日根荘遺跡は史跡としての学術的価値をもつと同時に、住民の生活資産としての継承が維持されている重要な遺跡であるところから、文化財としての最適な保存および活用をめざすためには、従来行われてきたように行政側だけではなく、土地所有者（史跡指定地の所有者）および管理者（史跡指定地の管理権限者）、さらには指定地周辺の住民等が貴重な文化遺産であることを共通して認識しながら、協同してその保存と整備・活用等について議論を交わし、計画の策定を進め、さらにはそのことを実践していくことが重要と考えられている。

さて、次節以降では、日根荘遺跡の史跡指定を受けた各地点（指定を受けた一五地点は、市域の日根野・大木地区に点在しているため、ここではそれぞれを指定地点と呼称する）の、現状とその指定された背景について紹介していくことにする。

2　日根野地区の指定地点

日根荘における経営の主要舞台となった日根野地区は、樫井川の右岸部に広く展開する市域のほぼ中央部にあたる段丘面上に位置し、全体としては扇状地のような形状となっている。この地に寺社・ため池など指定されている九地点が存在している。この九地点は、「日根荘日根野村荒野開発絵図」や「日根荘日根野村・井原村荒野開発絵図」（以下両絵図を「日根野村絵図」とする）に描かれている寺社・ため池などとの比較・対照が可能であることを重要な根拠として史跡指定されたものである。

これらの指定地は、一部（野々宮跡）を除くと現在も住民の熱心な信仰の場所として使用されている。あるいは現役の灌漑水利施設として使用されていることから、一般に考古学で使用される「遺構」とは概念の異なったものである。つまり日根荘遺跡の指定地点は、形状は変えつつもその役割を当時から変更することがなく、現代においてもその役割を担いつづけている現役遺構なのである。

以下、指定された九地点について概観していくこととする。

（一）日根神社（大井関大明神）

泉佐野市日根野東上に所在する。十世紀初頭に成立した『延喜式神名帳』にもその名が記載されている式内社である（図15）。

泉南市あるいは田尻町との境を流れる樫井川が丘陵部から平野部へと流れ出る辺りに位置し、樫井川流域の開発とは関係の深い神社である。その

図15　日根神社参道

ことと同時に、日根荘全域の鎮守社として深い信仰を集め、日根荘遺跡のなかでも最も重要な施設として位置づけられている。現在も氏子は日根野のみでなく、長滝・上之郷にも広がっている。

「日根野村絵図」には大井関大明神と描かれているが、境内を流れる井川を司る神社でもあったことからその名が由来しているものと考えられている。また本社は古くから大鳥神社（堺市）、泉穴師神社（泉大津市）、聖神社（和泉市）、積川神社（岸和田市）とともに和泉五社に数えられ、旧和泉国においては重要な神社として広く荘民の信仰を集めていた。『政基公旅引付』では日根神社を和泉国第四社と記しており、毎年八月十五日には、和泉五社と総社である泉井上神社（和泉市）とが一体となって、「五社宮方生会」（五社祭）が盛況に執りおこなわれていた様子が記載されている。また、四月二日の祭礼には猿楽の奉納や競

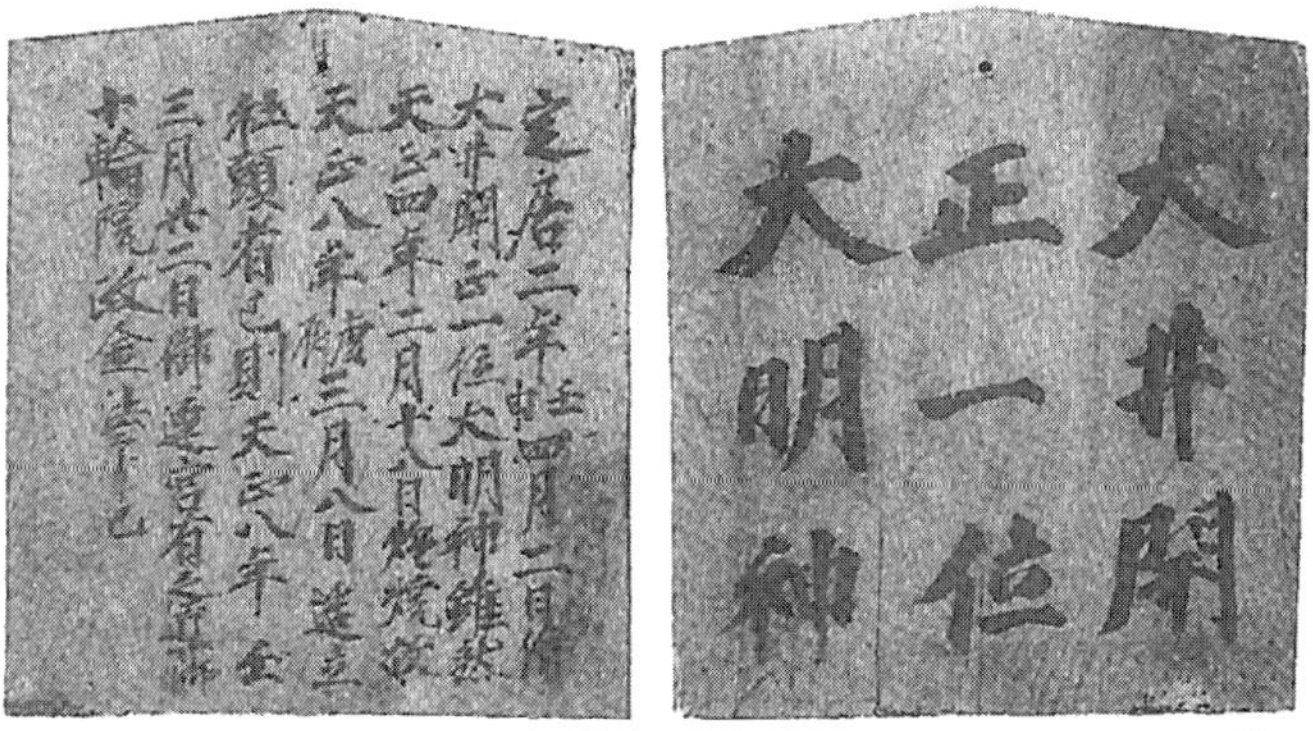

（裏）　（表）

大井関
正一位
大明神

定居二年壬申四月二日備
大井関正一位大明神雖然
天正四年二月十八日煙焼故
天正八年庚辰三月八日造立
社頭者也則天正八年閏
三月廿二日御遷宮有之導師
十輪院政金法印也

図16　1580（天正８）年の棟札

馬、弓射がおこなわれていたことも記録されている。

本殿建立に関する最も古い記録には、慈眼院所蔵の天正八（一五八〇）年の棟札がある（図16）。この棟札によれば、一五七六（天正四）年に消失し、一五八〇（天正八）年三月に再建したようである。その後、一五八七（天正十五）年三月の豊臣秀吉による根来・雑賀攻めの際に本殿は焼き払われたことが伝承されている。このとき、摂河泉にあった多くの神社も焼き払われてしまうが、豊臣秀頼の代になってそれら神社は再建されている。

日根神社に現存している本殿の再建に関しては、慈眼院に所蔵される棟札と板札に記録されている。それによると一六

図18　比売神社（溝口大明神）

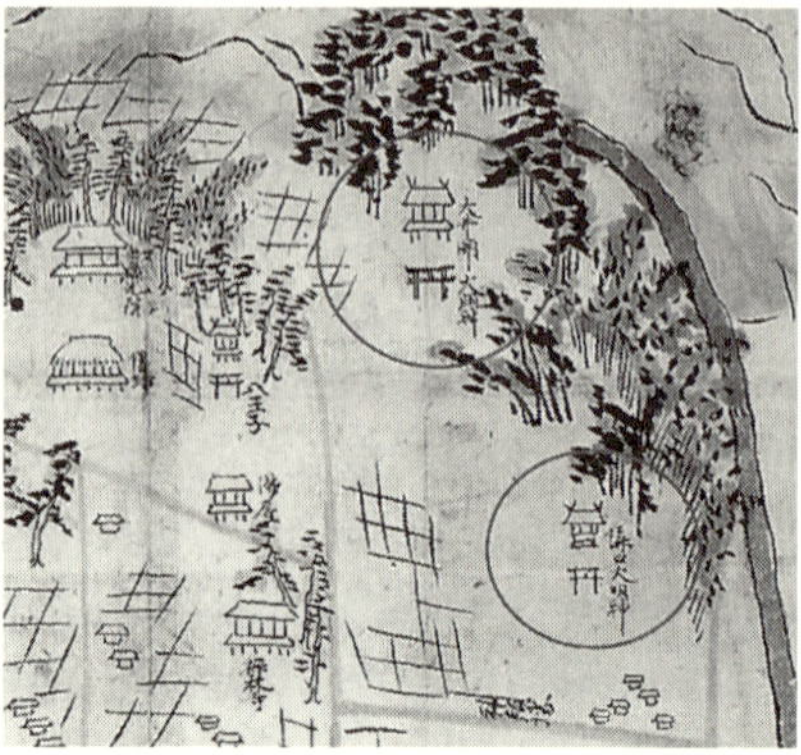

図17　大井関大明神と溝口大明神
（日根荘日根野村荒野開発絵図）

図19　まくら祭り

〇二（慶長七）年十二月には再建され、遷宮の式典が執りおこなわれている。なお、本殿については、二〇〇〇（平成十二）年度から二〇〇二（平成十四）年度の三カ年にわたって、屋根葺替および塗装の塗り替えなどの工事を実施している。本殿は、一間社入母屋春日造で、正面軒唐破風桧皮葺である。一九七二（昭和四十七）年三月三十一日に大阪府指定有形文化財建造物に指定されている。

　また絵図（図17）には、樫井川に沿って「溝口大明神」が日根神社に隣接して描かれている。溝口神社は、一八二九（文政十二）年に日根神社境内に移され、現在は日根神社に合祀され、摂社比売神社本殿（図18）とよばれている。本殿は一間社春日造で、日根神社本殿同様に一九七二（昭和四十七）年三月三十一日に大阪府指定有形文化財建造物に指定されている。

江戸時代に入ると日根神社の祭礼は、樫井川流域に所在する日根野・上之郷・長滝などの村人によって構成された氏子でおこなわれるようになる。祭礼のおもなものには、五月の「まくら祭」（図19）と七月の「ゆ祭」があるが、現在も継承され、執りおこなわれている。

とくに「まくら祭」は、大阪府内ではめずらしい春祭りとして行われ、三村が一年ごと順々にそれぞれでまくら幟の制作を担当し、神社から長滝の御旅所までまくら幟を担いで練り歩く。練り歩く沿道には見学者も多く集まっており、今でもたいへんな盛況のなかでおこなわれている。

（二）慈眼院（大井関御坊）

泉佐野市日根野東上に所在する真言宗御室派の寺院である。慈眼院の院号は、一六六五（寛文五）年に仁和寺門跡から賜与されたものである。神仏分離以前は日根神社の神宮寺として大井関御坊とも称された。絵図には描かれていない。

境内には一二七一（文永八）年に建立された金堂、多宝塔があり、それぞれ重要文化財、国宝に指定されている。金堂は三間×三間の方形建物で、本瓦葺の寄棟屋根をもつ。内部には薄板両面に経文を書写した笹塔婆（こけら経）が納められており、鎌倉期の庶民信仰の重要な遺品として泉佐野市指定文化財となっている。多宝塔は石山寺、高野山金剛三昧院の両塔とともに日本三名塔とよばれている。塔の高さは一〇・五メートル、下重は一辺が二・七メートルの方形の桧皮葺建物である。平面的には下層の方形と上層の円形との対比が優れ、

図20　大日如来座像

さらには下層の屋根の反りを緩やかにすることで、優美典雅の趣はほかに比類ないものとなっている。内部には大阪府指定有形文化財であり、平安時代後期の作といわれている「大日如来坐像」（図20）が本尊として安置されている。

このような優れた技術と優美な様式からなる建造物をもつ慈眼院であるが、創建と維持経営にあたっては、その背景に荘園領主である九条家が大きく関与していたことがうかがわれるのである。

つまり戦国期に本荘に下向し、直務支配をおこない、日根荘の再建を図った「九条政基」の法号が「慈眼院」であったことが両者の関係が密接なことを示しているものと思われる。

また、日根野村の基幹水路である「井川」は、日根神社境内を流れた後、慈眼院の僧房下を抜けていく。このことは、当院も大井関大明神とならんで用水権を掌握していたことを示すものであり、日根荘の経営が九条家により相伝されていたことの根拠となるものである。

なお、慈眼院の北方にあって、慈眼院同様日根神社の神宮寺であった戒躰院は、日根野村西方支配の拠点として政所的役割を担っていたが、同じく慈眼院付近にあって絵図にも描かれる無辺光院は日根野村東方の政所的役割を担っていた。九条政基が日根荘下向の際、入山田村の長福寺に移る前に一時滞留したのが、当院であった。

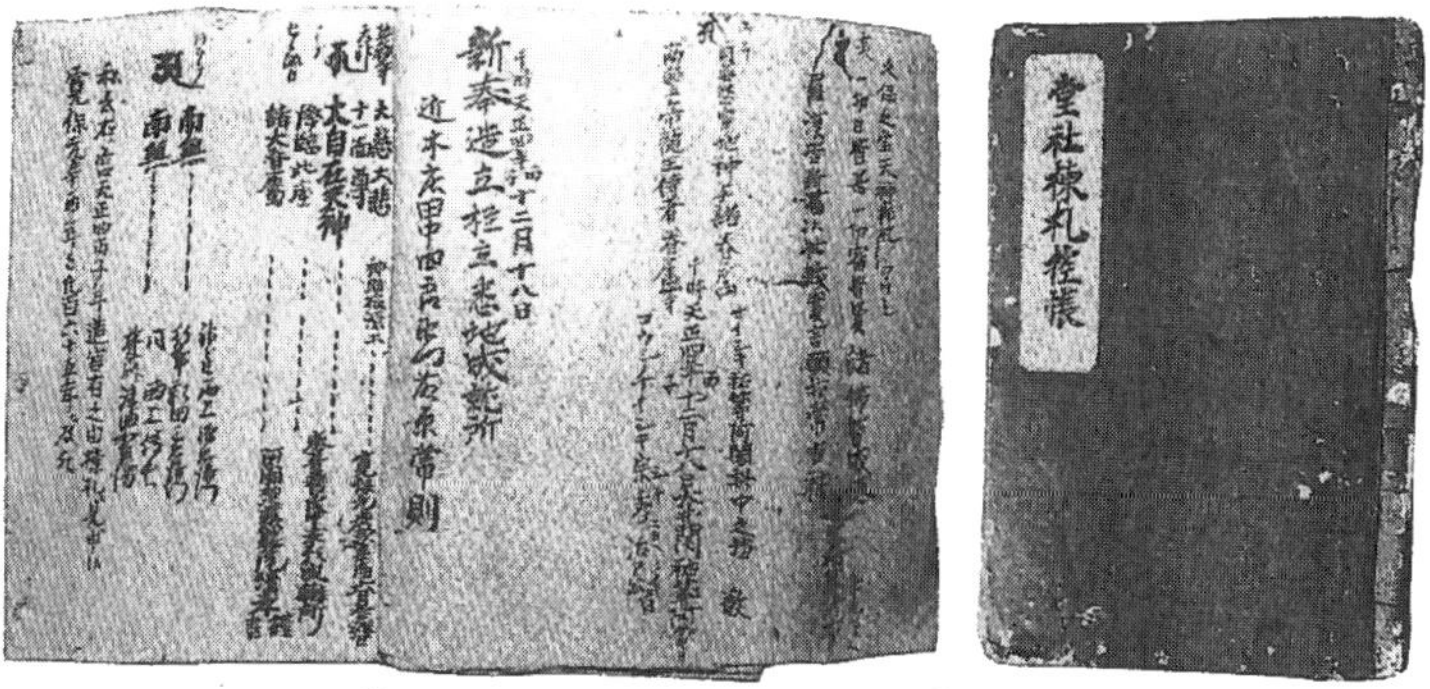

（表）

梵

一切日皆善　一切宿皆賢　諸佛皆威徳　五十九才也

羅漢皆断漏　以此誠實言　願我常吉祥

遷宮祐等阿ザヤリ

（裏）

梵

南無堅牢地神与諸眷属

サイシキ祐算阿闍梨中之坊　敬

南無五帝龍王侍者眷属等

干時天正四年丙子十二月十八日大井関祐算阿ザヤリ

コウシチイシキ宗秀治部公　白

（表）

干時天正四年丙子十二月十八日

新　奉造立柱立悉地成就所

近木庄田中四郎衛門藤原常則

図21　1576（天正４）年の『堂社棟札控帳』

図22　総福寺鎮守天満宮本殿

(三) 総福寺（禅林寺跡）

泉佐野市日根野久ノ木に所在し、その位置、地割などから「日根野村絵図」に描かれる禅林寺に比定されている。本堂に安置されている本尊は十一面観音で、一六八五（貞享二）年に天台宗から曹洞宗に改められている。

禅林寺に関する文献は「日根野村絵図」以外確認されていないが、『九条家文書』には「天満宮」、「天神社」が記されており、そこでは「御湯立」の行事などがおこなわれていたことがうかがえ、その天満宮が総福寺境内南側にある天満宮にあたるものと考えられている。

現在の天満宮本殿は、慈眼院に所蔵されている『堂社棟札控帳』（図21）に天正四（一五七六）年の棟札の写しが記載されていることから、この頃に建立されたものとされている。建物は一間社春日造、桧皮葺、梁間寸法が二尺（約六十センチ）あまりの小振りの社殿（図22）であるが、一九七六（昭和五十一）年三月には大阪府指定有形文化財に指定され、さらに一九七八年五月に重要文化財に指定されている。一九八五年度から二年にわたり全解体修理がおこなわれている。

（四）野々宮跡（丹生神社跡）

泉佐野市日根野久ノ木に所在している（図23）。「日根野村絵図」には丹生大明神として大きく記載されている。明治期の神社合祀により本殿（江戸時代中期）は日根神社境内（図24）に移されているが、旧来の境内地は井川沿いに広がり、水利や開発と関係の深かったことがうかがわれる。元禄年間の境内帳には、社地四三〇〇坪余と記さている。現在も日根野地区の大半を氏子として信仰を集め、南北二つの座で構成される宮座によって

図23　野々宮跡

図24　現在の野々宮（日根神社境内）

図25　野々宮宮座の宮送り

図26　新道出牛神境内

図27　石祠

祭祀が執りおこなわれている（図25）。宮座に関する資料は、近世にまでさかのぼるものが良好に現存していることから、数多くの調査がおこなわれている。

旧境内地は、現在水田あるいは畑・宅地等になっているが、その範囲は小字や地割などからほぼ復元することができる。本殿が元来祀られていたと考えられる地点には、野々宮跡の石碑が建立されている。境内地範囲内の田畑からは中世期の瓦片などが稀に採集される。

（五）新道出牛神（牛神松）

泉佐野市日根野新道出に所在している（図26）。「日根野村絵図」には牛神松が描かれているが、牛神とは牛の神に対する信仰であり、年に一度、農作業などで使役される牛をつれて祭祀をおこなうもので、泉南地域では広くおこなわれていたようである。現在でも日根野地区には集落ごとに牛神があり、新道出のほか西上などでも祭がおこなわ

図28　十二谷池

れている。

牛神の形態としては、石祠（図27）や自然石（牛神と刻印）で祀り、川、水路に面した田畑や農道に据えられ、松などの樹木が植えられているのが一般的である。新道出牛神は、文化年間（一八〇四～一八一七）の石祠と石灯篭があり、牛神としては市内最大の境内規模を誇っている。

（六）十二谷池（住持谷池）

泉佐野市日根野に所在する。「日根野村絵図」では住持谷池にあたる（図28）。「日根野村・井原村絵図」においても丘陵部で唯一描かれる池である。両絵図に描かれた形状が現況とほぼ類似しており、熊取町との境にある丘陵部の谷筋を堰き止める形で築かれている様子がよくわかる。嘉吉元（一四四一）年に十二谷新池（下池）を築堤した折、日根野村・井原村・檀波羅密寺村の三村が共

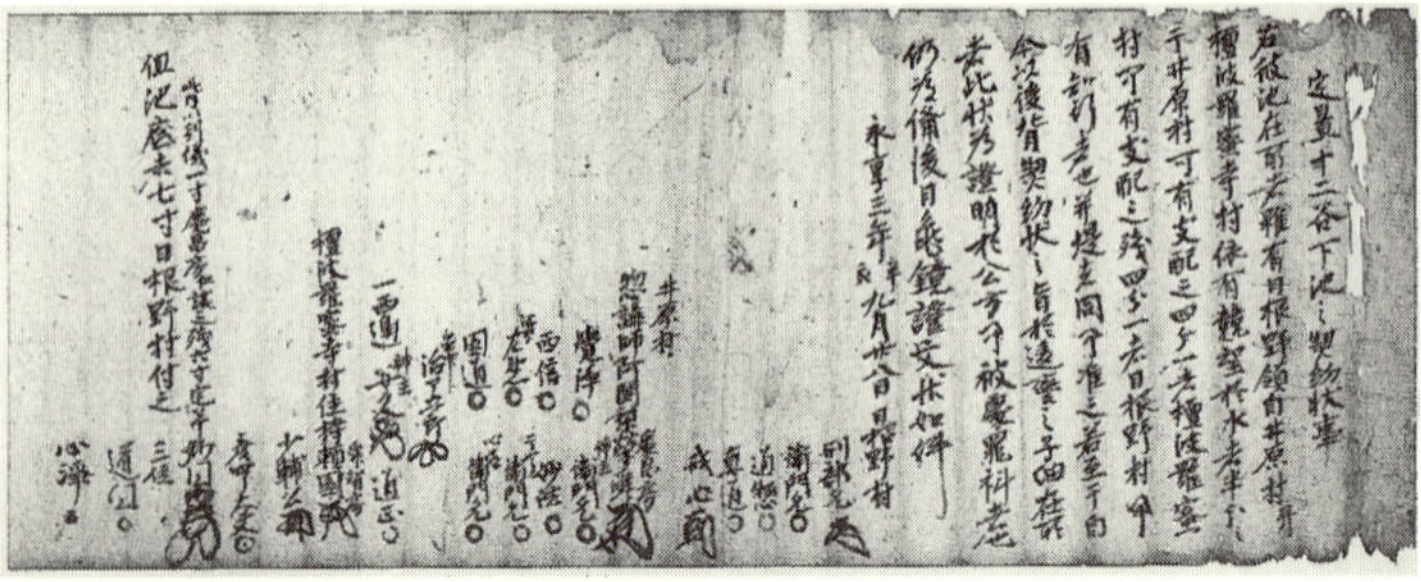

図29　十二谷下池契約状

図30　八重治池

同利用に関する契約を交わしたという史料（図29）が残されていることなどから、ため水は樫井川から取水する井川を使用して入水し、日根野村のみならず広範囲にわたる水田に灌漑していたことが考えられている。

（七）八重治池（八重池）

泉佐野市日根野に所在し、「日根野村絵図」の八重池と考えられる（図30）。十二谷池同様に丘陵部の谷筋を堰き止めて築堤されている。絵図に

図31 尼津池

は八重池と住持谷池との間には、三つの池が描かれているが、近世の絵図からうかがえるように江戸時代には現在の形状にまとめたものと考えられる。

現在は大池・尼津池・十二谷池などと連結し、水系を形成している。日根荘成立期の一二三四（天福二）年には存在していた池と考えられている。

（八）尼津池（甘漬池）

泉佐野市日根野に所在する。丘陵部日根野側に展開する絵図に描かれたため池群のなかではいちばん上手にある甘漬池のことである。近世初期上流部に大池が築かれるまでは、ため池群の親池で、日根野村域の開発の主役であったことが考えられる（図31）。

取水方法は不明であるが、おそらく当池の南東

図32　井川

部に位置する雨山の谷筋から集めて取水していたものと考えられる。一七六一（宝暦十一）年の「日根野村井川水利絵図」では「あまつ池」と描かれており、尼津池と書かれるようになるのは近世中期以降となってからである。

（九）井川（ゆかわ）

樫井川から取水している水路で、日根荘の中位段丘面の開発にあたって重要な役割をはたしてきたとされている。絵図には描かれておらず、開削時期については明らかとなっていないが、日根荘成立当初には一部が開削され、部分的な利用があったと推定されている。入山田村に属する土丸に設けられている（図32・33）。

取水口から日根神社ならびに慈眼院の境内を通り、上位段丘面を抜けながら十二谷池までの延長約二・七五キロを高度差約三メートル（満水時）といった

井川取水口

尼津池からの水路と合流点

慈眼院境内の井川

日根神社境内の井川

十二谷池への入水

図33　日根荘内のさまざまな地点を流れる井川

高度な土木技術によって開削されている。井川からの入水によって機能可能な十二谷池の絵図から知ることのできる規模や形状などから推測すると、十四世紀にはほぼ井川の完成をみていたものと考えられる。また先に記したように途中日根神社、慈眼院の境内を井川が流れていることから、日根神社と井川のかかわりの深さを知ることができる。

この井川の水路機能を描く最古の絵図としては、一七六一（宝暦十一）年の「日根野村水利絵図」が知られているが、そこでは日根野村の幹線水路である井川の樋や分岐水路などが緻密に描かれ、現状と一致するところも数多くみられることから、将来井川の元来の姿を復原することも可能であると考えている。

現在井川は、一部コンクリートなどに形状を変えてはいるものの、ほぼ開削当時のルートを踏襲し、尼津池などからの水路と合流しながら日根野地区の主要な水路として広範囲にわたって灌漑をつづけている。

3　大木地区の指定地点

大木地区は入山田村に属しており、日根荘の直務支配のために九条政基が下向し、実際に四年間にわたって滞在した故地である。この四年間に『政基公旅引付』が記され、村人や武士たちの日常生活、あるいはそこでの年中行事や発生した事件などの様子が、社寺や堂、集落などを舞台としながら詳細に綴られている。

（一）長福寺跡（下大木）

長福寺は、日根荘の領主であった九条政基（当時五七歳）が一五〇一（文亀元）年、三月下旬に

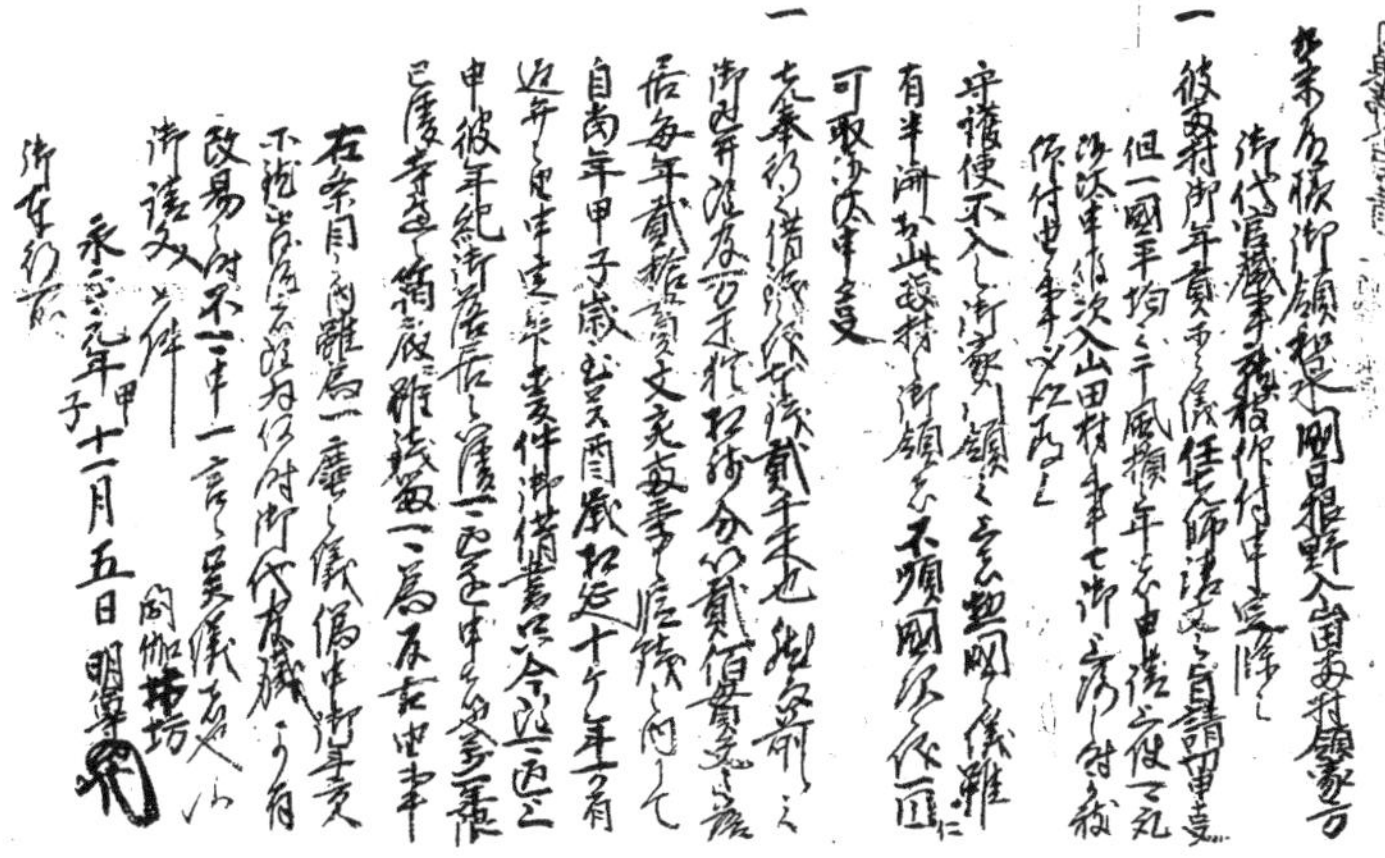

図34　九条家文書（宮内庁書陵部所蔵）

現地に下向し、同年四月一日に入山田村に入ってから約四年間、居所として滞在した寺院である(図34)。政基が日根荘に下向した直後に入った無辺光院は、戒躰院とともに日根野村東方・西方の政所としての役割をはたしていたが、入山田村にあっては政基の居所となった長福寺が政所としての役割を担っていた。

長福寺の様子については『政基公旅引付』にたびたび登場しているが、文亀元（一五〇一）年四月一日の条には「入山田村大木之内長福寺」との記述があり、長福寺の立地した場所を示している。それでは現在この記述された場所がどのあたりに求められるのかであるが、泉佐野市下大木地区に「チョークジ」とよばれる字名の確認できる田畑がある。そこは指定地点の一つである「円満寺」に隣接した場所であり、樫井川の西岸にひろがる平坦地となっている。早くから旧入山田の大

表2 『政基公旅引付』の長福寺関係記事（廣田浩治『会報』183号 泉佐野の歴史と今を知る会に加筆修正）

年	月日	事件
文亀一	4月1日	九条政基が長福寺に到着し、家屋等の建造・改修を少々命じる。長福寺住持が酒樽を政基に進上する。
文亀一	4月3日	長福寺住持も参上するが、僧衣に異常があったため、政基と対面せずに帰る。
文亀一	4月6日	非分の儀、窃盗・濫吹を禁じた制札を長福寺の末等に打つ。
文亀一	4月12日	長福寺の政基に輿副衆が近侍する。輿副四、五人を日根野に派遣する。
文亀一	4月14日	七宝滝寺供僧が酒樽を進上。政基が出座あるべきところ出座せず。家司が供僧に対応する。
文亀一	4月18日	政基、行水して堂に参り、十一面講式・観音経を読経する。
文亀一	4月25日	政基、御堂に参り、天神法楽和歌・漢詩を詠む。
文亀一	5月4日	政基、地下の職司に命じて菖蒲を軒に葺く。寺家ではあるが政基の宿所ゆえに菖蒲を葺いたと記し、「山里も我すむ軒のあやめ草…」との和歌を詠む。
文亀一	5月13日	庚申の日ゆえ、政基、堂にて念踊する。
文亀一	5月16日	政基、浴水・持斎して、仏殿で呪踊する。
文亀一	6月7日	政基、居所の南面に上棟（作事）を命じる。
文亀一	6月8日	大将軍が南方で、未方が禁忌ゆえに、政基、作事を中止する。
文亀一	6月18日	例年は千手観音の供花仏事の日だが、旅所なので行わず。
文亀一	6月30日	政基、山家卯花の題で和歌を詠む。
文亀一	閏6月26日	根来氏人が一荷両種を進上。家僕の信濃小路長盛が堂にて対面、盃を賜う。
文亀一	7月11日	土丸地下衆が堂前に推参し、風流念仏を催す。
文亀一	7月12日	昨日の風流念仏の返しとして、大木村衆堂前に推参する。
文亀一	7月13日	船淵村の衆が堂の庭に来て、風流念仏を催す。
文亀一	7月14日	大木村の衆が堂前の庭に来て、風流念仏を催す。
文亀一	7月15日	菖蒲村の衆が堂前の庭に来て、風流念仏を催す。大木村の衆も来る。
文亀一	8月18日	八朔の日だが旅所ゆえに政基は中止を命じたが、京都より八朔の贈物が届く。
文亀一	8月28日	守護方が日根野村に乱入する。政基、長福寺に火を懸けて死ぬことを覚悟する。

文亀一	9月3日	根来寺僧が進物を贈呈。家司が堂で対面し、盃を賜う。
文亀一	9月9日	重陽の節供。家僕たちが長福寺の番所で終日酒宴を催す。
文亀一	9月18日	政基、堂に参り、念踊し、観音経を詠む。
文亀一	10月1日	政基、早旦、行水して堂に参り、念踊する。
文亀一	10月6日	亥子だが、旅所ゆえ形のごとく、餅風情ばかりを用意させる。
文亀一	10月15日	庚申日待。政基、火焼所で一晩中過ごし、双六で遊ぶ。
文亀一	12月10日	新右衛門尉が土佐国片山荘への下向の途中で逗留する。15日にも上洛の途中に逗留。
文亀一	12月15日	長福寺の例(寺家の法度)による煤払いが行われる。
文亀二	1月1日	政基、早朝に浴水し、四方拝、一献を催す。旅所ゆえに年賀の儀は略儀とする。
文亀二	1月11日	入山田村の吉書、政所屋で沙汰すべきだが長福寺の宿で行う。
文亀二	1月12日	犬鳴山供僧、引茶進上、家司が賜盃。
文亀二	2月23日	政基、無辺光院善興を居所の「簾前」に召して内々のことを命じる。
文亀二	2月25日	政基、天神を敬う和歌・漢詩を詠む。
文亀二	6月25日	政基、天神を敬う和歌・漢詩を詠む。
文亀二	8月21日	根来寺衆と和泉守護方の戦闘により、政基、七宝龍寺に避難。長盛ら長福寺に逗留。
文亀二	8月23日	政基、長福寺に帰還し、酒宴を催す。
文亀二	10月8日	政基、紅葉の興を催す。
文亀二	10月12日	亥子の日だが、旅所ゆえに儀式を省略する。
文亀二	11月20日	六～七寸もの積雪があり、政基、山居の興をおぼえる。
文亀二	12月4日	長福寺・香積寺・宝泉院・竹林庵が参上。政基が出産して盃を賜う。
文亀二	12月7日	政基居所の南面の庭に山鳩が来る。人間無双の霊鳥でその色美麗と、政基、感嘆する。
文亀二	12月18日	長福寺の煤払い。
文亀二	12月27日	当村の大工(佐野大工)が真菜板を進上する。
文亀三	1月4日	長福寺・蓮華寺・引茶を進上する。長福寺は住持ゆえ、政基が対面する。宝泉庵・香積寺・桂昌庵らも参上。これには長盛が対面する。

文亀三	1月11日	入山田村の吉書。本年は富小路俊通の奉行方が吉書を沙汰する。番頭・古老が五十余人列座する。長盛が対面して盃を賜う。
文亀三	1月15日	黄昏に三毬打を大きく結い、内々庭が狭いため、門前で焼く。
文亀三	2月14日	政基、八専で心気朦朧となり、河水遊覧を行う。
文亀三	2月29日	政基、小規模の作事を行わせる。番匠両人は佐野の大工で長福寺の寺大工。
文亀三	3月16日	政基の姫君が誕生する。旅所ゆえに儀式は省略する。
文亀三	3月22日	姫君の一七日の祝い。旅所ゆえに儀式は省略となる。
文亀三	5月6日	京都嵯峨往生院の住持統円が逗留。八日に上洛する。
文亀三	6月25日	政基、長福寺鎮守天満天神を敬い、連歌百韻を催す。
文亀三	7月25日	旱魃で村人の飲料水が尽きる。村人は長福寺の井戸の水を汲む。
文亀三	11月12日	初雪が降る。
文亀三	11月17日	政基、長福寺で雪を見る(内巻末の記事)
文亀四	1月4日	長福寺住持・寺庵衆が参上する。
文亀四	1月11日	入山田村の吉書。長福寺の御厨子所で村人の腰刀が盗まれる。
文亀四	1月12日	吉書があり、番頭衆と寺庵衆が参上する。
文亀四	1月14日	家司の小者が11日の窃盗犯を処刑した刀を持って長福寺の御厨子所に来る。
文亀四	1月15日	三毬打を堂の東南で焼く。
永正一	7月6日	高野聖順良の訴訟事件。順良の代理と政基の奏者(家僕)が声高で問陳に及ぶ。
永正一	7月7日	政基、順良が人数を率いて対決の庭(政基の法廷)に参上する企ての風聞を知り、退いて(居所の奥で)状況を思案する。
永正一	7月8日	順良、政基の御庭に参上すべきところ、来たらず。
永正一	8月9日	桂女姫夜叉が来る。12日まで滞在。
永正一	9月16日	政基、坂口地蔵・八王子・円満寺・大日堂に参詣する。「山路蛾々、雲月明々」と記す。奇異の雲があり、政基、庭上に出て雲を見る。西山の峯より東峰に動く。
永正一	11月29日	政基、番頭6名を呼び蒸麦・酒を振る舞う。番頭らは上洛の祝言の進物を持参する。
永正一	11月30日	長福寺住持が重態となる。
永正一	12月4日	長福寺住持が死去。享年64歳。

木村が下大木地区に該当すると考えられてきたが、そのことを傍証するかのように、この付近の田畑からは焼けた古瓦が出土することが知られていた。このようなことから、長福寺が立地していた場所は「チョークジ」の地字が残る田畑付近であることが推定されていた。

『政基公旅引付』には、長福寺の諸施設についても記述されている。まず政基の居所となった「屋敷」、仏事などをおこなっていた「堂」、村人たちとの対面の場となった「御庭」、家僕たちの詰所であった「番所」などの他、「火焼所」や「井戸」、「鎮守大満宮」などの存在が知られるが、そこではまた、「吉書」、「左義長」、「風流踊」などの年中行事がおこなわれたこと、あるいは旱魃のときに、村人が長福寺の境内にあった「井戸」まで水を汲みにきたことなど、逼迫した様子を知ることができる。

一五三三（天文二）年、日根野村から九条家に段銭が納入されているが、これ以降日根荘から九条家への年貢等の徴収に関する記録は残されていない。また、一六一三（慶長十八）年に熊取の中左近に「長福寺山屋敷田畠一色」が売却されたことを記述した史料が残るが、これを最後に長福寺の名は記録から消滅している。政基が去った後、約四〇〇年間にわたる日根荘の九条家支配は終焉を迎え、さらにはほどなく長福寺も廃絶したと考えられる（表2）。

このように『政基公旅引付』などを読み解くことで、中世の在地寺院の一つであった長福寺に関する研究は、他には類をみないほど進んでいるといえる。しかしながら長福寺に直接関連した史料は他にはなく、寺の創建の経緯あるいはその時期など、さらには具体的な立地場所など、不明な点は数多く残されてきた。

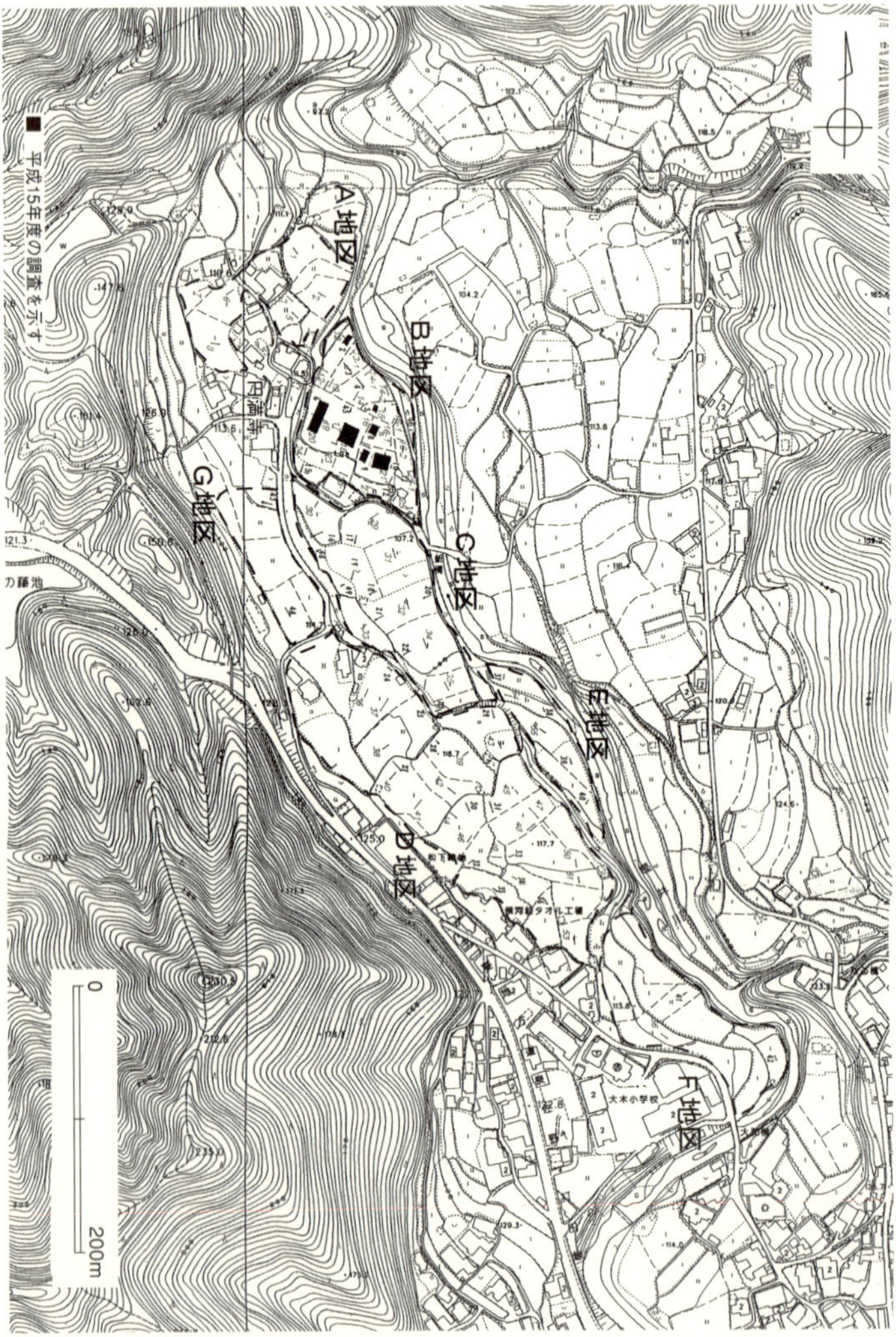

図35　大木地区の調査区設定図（平成14・15）

その後「チョークジ」の地字のある田畑を含んだ約六・〇㌶の広域な農地において、農業基盤整備事業（圃場整備）が計画され、それにともない、対象となる農地に約一〇九カ所の調査区を設け、試掘調査を実施した。調査は二〇〇二（平成十四）・二〇〇三（平成十五年）の二カ年にわたって実施されることとなったが、大木地区で本格的に発掘調査が実施されることとなったのは、これが初めてのことである（図35）。

この二カ年の試掘調査の結果、「チョークジ」名が残る田畑の北端において、中世土器などの他、大量の焼成瓦の出土をみるとともに、建物跡、園池、井戸、石組暗渠など寺院を構成する中世遺構を確認した。残念ながらこれらに混じり文字資料等の確認はできていないが、長福寺を示す地字の残る対象地で、寺院遺構の具体的状況を確認したことから「長福寺跡」であると確定した。

本地点は、二〇〇五（平成十七）年七月に「日根荘遺跡」の一五カ所目の史跡指定地として追加指定を受けている。長福寺跡で検出された遺構・遺物などの様子については、第V章で述べることとする。

（二）火走神社（滝大明神）

延喜式にみられる式内社である（図36）。中世には入山田村四カ村（舟淵・菖蒲・大木・土丸）の氏神で、滝大明神あるいは滝宮とよばれ、『政基公旅引付』にもしばしば登場している（図37）。九条政基が在荘時に筆写した犬鳴山七宝滝寺縁起によると、この滝宮の宮寺は七宝竜寺であることが記されているように、両者には深い関連があったことがわかる。『政基公旅引付』によると、一五〇一（文亀元）年七月には、旱魃に際して請雨の儀が七宝滝寺の僧によっておこなわれたことが

図36　火走神社境内

記されている。

その他、七月の盂蘭盆には風流念仏（図38）、八月の滝宮祭礼には猿楽や田楽が催されたことや、十一月にはほたき行事なども村人によってお

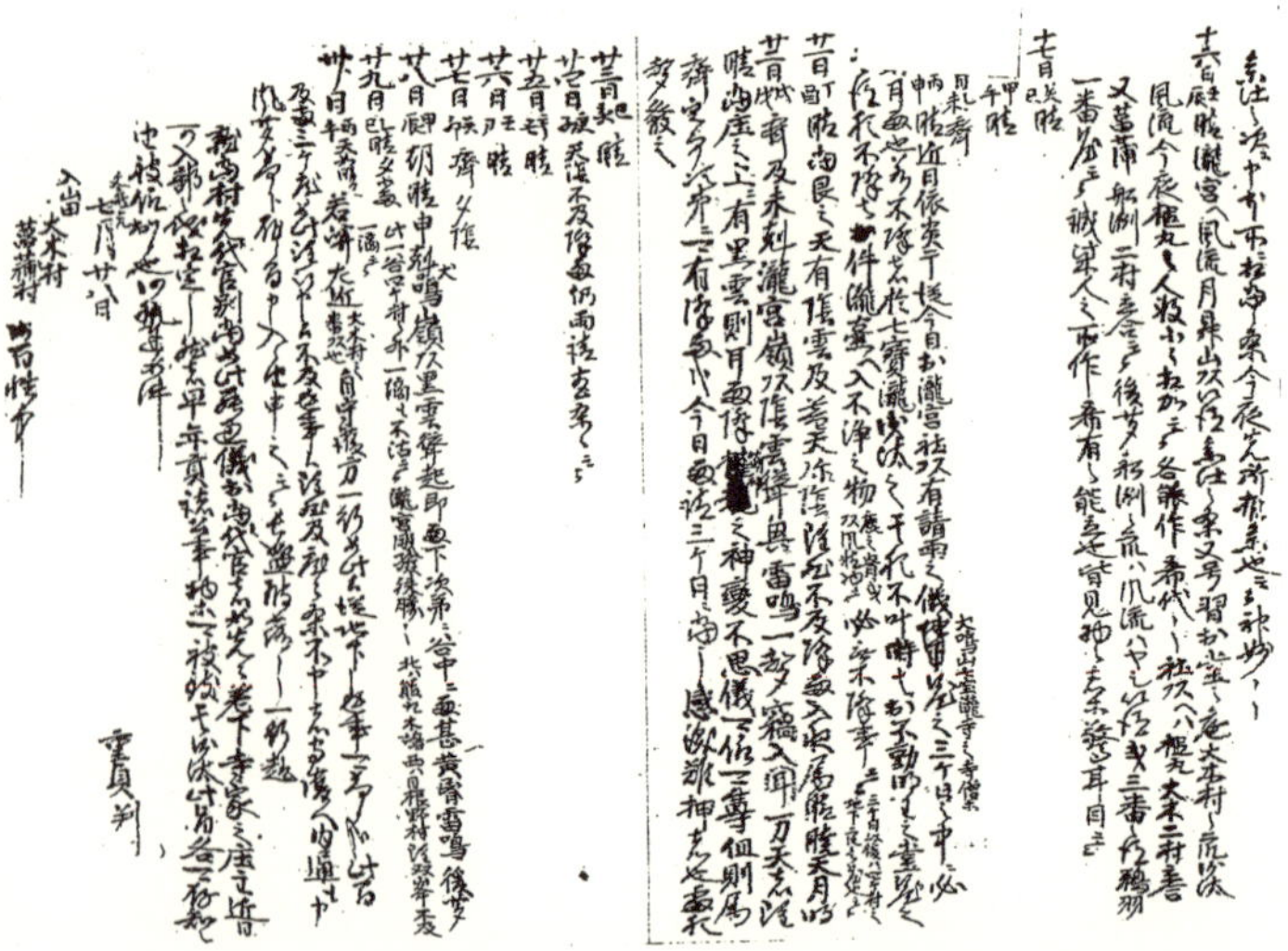

図37　『政基公旅引付』の火走神社の記事（宮内庁書陵部所蔵）

図38　盂蘭盆の風流念仏（模型）

こなわれていたことが記されているが、政基はその芸能の優れていることに驚いている。

現在の境内に残る摂社幸社本殿は一五〇五（永正二）年の造営によるもので、重要文化財に指定されている。現在の本殿は一六二二（元和八）年の造営で市指定文化財である。また境内には、正保年間（一六四四～一六四七）の「入山田庄」の銘が刻まれた石灯篭が残されている。

（三）円満寺（下大木）

下大木地区に「エンマジアト」とよばれる地字の残る場所がある。現在ここには下大木地区の集会所として使用される建物があるが、建物内には仏像が安置され、地区内の住民によって参拝されている。当地が「円満寺」として比定され、指定地点となっている。

『政基公旅引付』によると、文亀元（一五〇一）

図39　円満寺

年八月二八日条に上守護の被官である日根野氏が日根野村東方に攻め寄せ、荘民と日根野方が合戦に及んでいるが、その折、円満寺の早鐘によって急を在地に伝え、村人を招集したと記述されている。さらに文亀三（一五〇三）年四月五日条によれば、村の人びとが円満寺で般若心経一万巻の購読をおこなっていることや、罪人等を拘留する場所としての機能を果たす役割を担っていたようである。

現在も小堂ながら念仏講が継続しておこなわれ、地域の集会所として活用されている（図39）。

（四）毘沙門堂（中大木）

火走神社の東側山腹の一角に、「ビシャモンテン」と称される小堂がある（図40）。堂内の厨子には本尊である毘沙門天が安置されている。現在、毘沙門堂の名を史料から追求することはでき

図40　毘沙門堂

ないが、この堂が立地する谷筋は五所谷（御所谷）とよばれ、『政基公旅引付』にも「御所谷集会所」と記述されており、このことから指定地点の一つとされている。現在もこの谷筋にある集落の人びとによって講がおこなわれている。境内には正平三（一三四八）年の板碑などの石碑が残されている。

（五）蓮華寺（上大木）

蓮花寺は、『政基公旅引付』にその名を読むことができるが、土丸と上大木の二カ所で存在している。『政基公旅引付』では「土丸之蓮華寺」と場所を特定しているだけであり、大木の蓮華寺についての立地は記述されていない。しかしながら一四一七（応永二十四）年の史料（九条家文書）には、淵村（上大木）の項に蓮花寺の記述を見ることができ、中世には存在したことが考えられ

図41　蓮華寺

図42　香積寺跡

る。

現在、円満寺が下大木、西光寺が中大木の集会所を兼ねた村寺を担っているが、蓮花寺は上大木の村寺であり、地区の人びとによって講などがおこなわれている。境内には中近世の石造物が残されている（図41）。

（六）香積寺跡（上大木）

上大木の集落を眺望する山林にある。『政基公旅引付』では文亀二（一五〇二）年五月二十一日条に当寺から政基が書物を借り入れていたり、歳末や年始に際し、政基へ香積寺の僧より伺候していたことが記述されている。政基が一五〇四（永正元）年四月入山田村宛に出した書状が、香積寺の僧侶によって読み上げられたことも記述されている。

明治の始め頃までは住持があったようであるが、現在は廃寺となっている。境内地と推定される範囲には、基壇状の高まりや井戸跡、さらには一四六三（寛正四）年の一石五輪塔をはじめ、中近世の石造物が数多く残されている（図42）。

Ⅳ　日根荘成立前夜

1　古代の日根野

日根荘が九条家領の荘園として成立した、一二三四（天福二）年以前の泉佐野市はどのような様子であったのであろうか。本章では、中世以前の泉佐野市域の様子について述べる。

現在、泉佐野市上之郷の中村に「茅淳宮址碑」とよばれる碑が建てられている。これには「とこしへに　君も会へやも　いさな取り　海の浜藻の寄るときどきを」の歌が万葉仮名でしるされている（図43）。

『日本書紀』によれば、允恭天皇の皇后の妹の弟姫に「衣通姫」といわれた姫がいた。この弟姫は、容姿すぐれ、その艶色が衣を通しててりかがやいていたことから、この名でよばれていた。天皇は、この姫を気に入って召し、藤原宮に置き寵愛したが、皇后の嫉妬が激しいことから河内の茅淳に宮をつくって住まわせることとした。

允恭天皇は茅淳宮に住まわせた愛しい衣通姫を訪れるため、「日根野」での遊猟にかこつけ、たびたび茅淳宮への行幸をおこなう。このことを皇

図43　茅淳宮跡

后が知るところとなり、皇后からたびたびの行幸は人民への負担となるので、行幸の数を減らすようにとの願いが申しだされた。

こうしたことから天皇の茅淳宮への行幸は控えられるところとなったが、たまたま訪ねた折、天皇に衣通姫が詠ったのが先ほどの歌である。この物語は、当地方のロマンスとして現在にまで語りつづけられているが、注目すべきは遊猟のために訪れた場所として日根野の地名があらわされているところにある。

後の八〇四（延暦二十三）年十月六日にも、桓武天皇が日根行宮に入り、翌七日には垣田野（加支多神社のある貝田地方とされる）で、さらには九日にも日根野で猟をおこなっていることが記されている。

このように日根野は、この頃遊猟地、つまり「野」とよばれる原野が広がった未開発地であったことがわかる。その理由としては、この地域一帯が洪積段丘上に広がった土地であり、古代においては大規模開発の着手にはいまだ困難な地域であったことによるものであろう。

さて泉佐野市域は、古代においては和泉国日根郡にふくまれていた。七三八（天平十）年の「和泉監正税帳」によると大領日根造玉纒、擬主張日根造五百足など、日根郡の氏族として「日根造」の名がみられる。また『続日本紀』によれば、七四〇（天平十二）年には日根造大田が外従五位下の位階を与えられ、この頃の日根造が日根郡のなかでは有力氏族として地位を築いていたことがわかる。

「新撰氏姓録」によると、日根郡大領の日根造は「新羅、日根造、新羅国人億斯富使主之後也」とある。このことから日根造は、渡来系氏族であったことがうかがわれるのだが、上之郷を拠点に当地域の開発の実権を握ったことが推測されている。

「神祓志料」によると、日根造は日根神社の主神として祖先の億斯富使主を祀ったことが記されている。日根神社の所在地が、樫井川流域開発の要となったところに位置することからみれば、当地域の開発に深く関与していた日根造が、開発基点に日根神社を設置し、祭礼を執りおこなってきたことは十分に考えられるところである。

このように、沖積地の広がる長滝・上之郷の樫井川流域は、日根郡のなかでも比較的早くから開発が進んだようであるが、近年五世紀後半から六世紀にかけての埋没古墳があいついで発見されている（図44）。現在発見されている古墳は、すべて小型のものであり大型古墳は確認されていないが、これら古墳群の被葬者が当地域の優勢者であったことは十分に推測されるところである。

図44　埋没古墳

とくに上之郷で発見された横穴式石室をもった方形墳（七世紀中頃）は、確認された周壕の方向が、所在地に残されている条里制地割と一致している（図45）。

このことは、当地域の一部では計画的な開発がこの時期すでに進められていたことを示唆するものであり、さらには当古墳の被葬者がその開発を指導していた人物であったことも想定されるのである。

図45　上之郷の横穴式石室

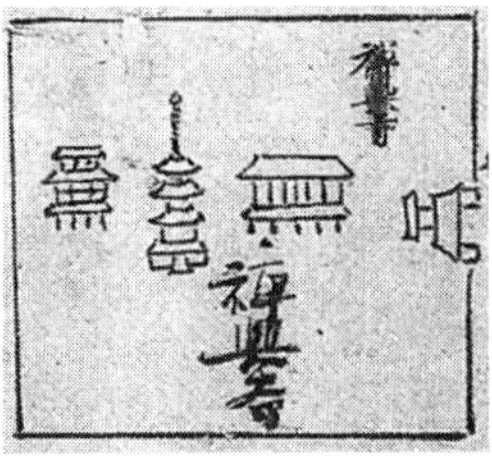

図46　日根荘荒野開発絵図に描かれた禅興寺

図47　禅興寺の堂塔を飾った瓦

そのほか、当地域での開発が進行していた様子は、長滝に建立された古代寺院とされる「禅興寺」の存在からもうかがえる。同寺は、「日根荘絵図」にもみられる寺院であるが、そこでは寺域を四角で囲み、門や金堂、あるいは三重の塔などの伽藍があったことが知られる（図46）。

日根荘の開発にはこの禅興寺が強く関与していたことが知られるが、創建にかかわる史料は乏しく、「行基年譜」に記載された同寺にまつわる逸話や、発掘されている瓦（図47）などの遺物から、七世紀末頃に創建され、奈良・平安・鎌倉時代から室町時代までその法灯を守っていたと思われる。

禅興寺が建立された背景や氏族の問題については課題も多く、今後検討すべき重要な課題ではある。しかし、同寺が立地したとされる段丘面の西南部には、先述したように条里地割が広がっており、同寺の建立氏族によって樫井川沿岸に広がる沖積地の開発が進められたことも推測されるのである。

2　日根荘とその周辺の条里

古代に始められたとされる土地区割法である条里制地割は、畿内を中心として、全国各地の沖積平野で今なお現存し、地表にあざやかな景観をとどめている。

この条里制地割りは、当時の村落計画のみにとどまらず、後世の都市道路計画、さらには現在の農村風景の形成にまで重要な影響をおよぼしている。

このような地割に対する調査や研究は、従来から歴史地理学の主導によっておこなわれてきたが、近年の開発や圃場整備などを契機として発掘調査も頻繁に実施されるようになってきた。その結果、考古学からのアプローチも急速に進むところとなり、現在では条里の施行された時期が古代にまで及ぶ事例は全国的にも非常に稀であることが明らかとなってきている。

大阪府下でも条里制地割が数多く確認されているが、広大な沖積地の広がる河内平野にくらべて、和泉平野は洪積段丘の広がりが卓越したところであり、沖積地は中小河川に沿ってわずかに広がりをみせ、条里制地割も小規模なものばかりである。

(一)　和泉地方の条里

和泉地方では、和泉山脈に水源をもつ石津川・大津川・春木川・津田川・近木川・樫井川・男里川などの中小河川に沿って条里遺構を確認できるが、石津川以南の条里地割の方向は一貫したものとなっておらず、整然とした形をとっていない。

主なものをみていくと、石津川の左岸部の条里遺構の南北線はＮ一六度Ｗ、旧和泉国の国衙が置

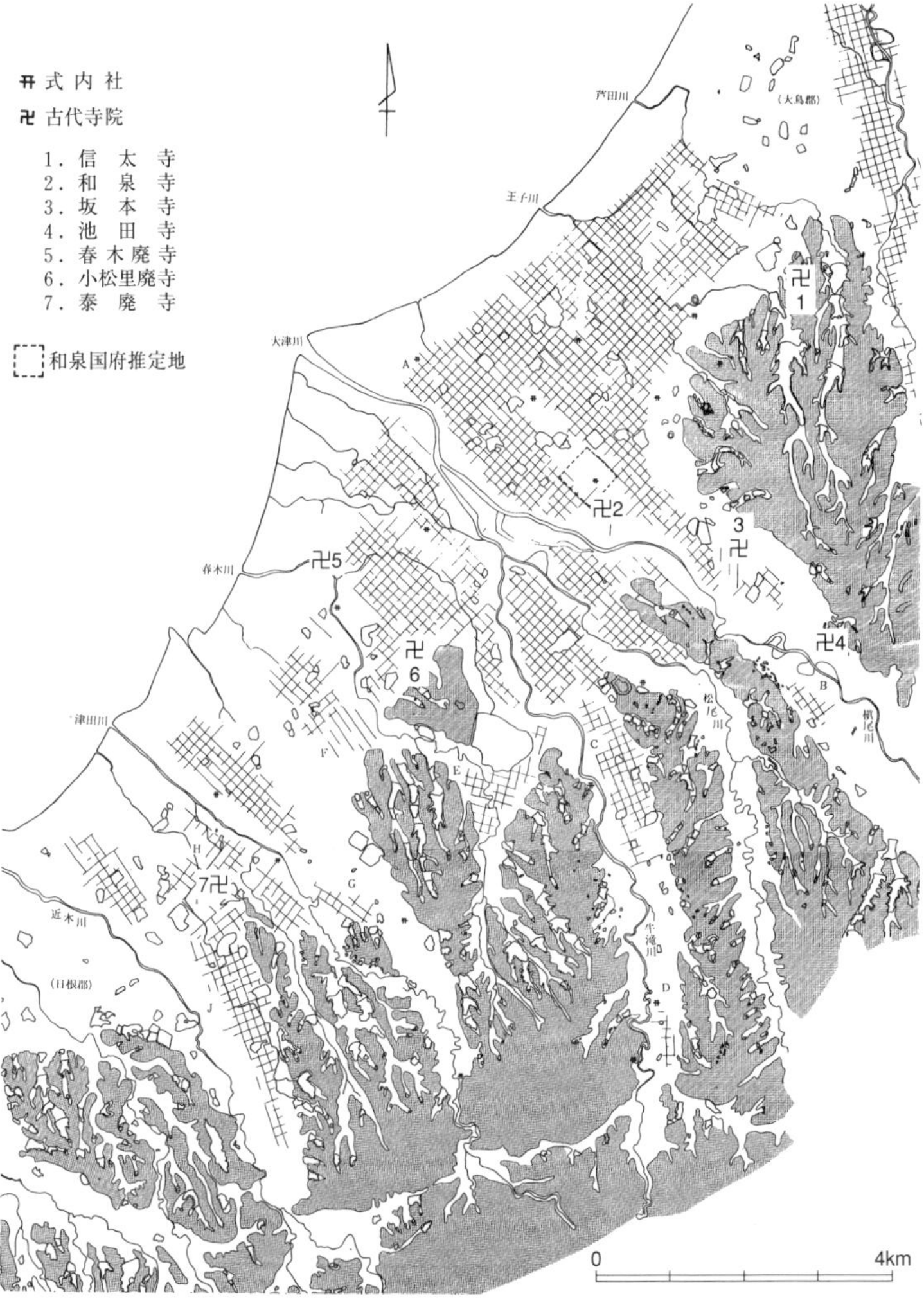

図48　和泉郡の条里分布

かれていたとされる府中周辺では、N四八度Wで海岸線に直行している。

岸和田市の牛滝川上流域では、N二二度W、貝塚市の近木川下流域ではさらに小規模な五つの区域に分かれており、それぞれN四九度W、N三五度W、N三七度W、N六〇度W、N三〇度Wで、その上流域ではN二〇度Wとなっている（図48）。

泉佐野市南部に隣接している泉南市の男里川流域ではN二二度Wに偏っている。

なぜ、このような状況となったのであろうか。

先述した各河川は、山脈より海岸に向かって発達してのびている丘陵の間を縫うようにしながら大阪湾に流れ込んでいる。そのため、海岸線に沿って形成された平野部は一様に狭く、河川の流域に沿いながら内陸部に向かって楔形を呈している。そのため、和泉地域の各条里は、河川ごとに広がる平野部の地理的条件に左右されてしまい、条里界線の方向を一貫することができず、それぞれ独自の方向を示すこととなったものと考えられている。

（二）泉佐野市の条里

泉佐野市では、樫井川右岸部流域に条里地割が残されている。航空写真などをみても明らかなように、その痕跡は非常に良好であるが、条里線の走行はN三二度Wに偏り、樫井川の流域方向に沿ったものとなっている（図49）。

樫井川右岸部の条里型水田が立地している標高は、樫井川上流部から下流部にかけて緩やかに下降してはいるものの、現地に実際に立ってみると、ほぼ平坦で、整然として広がる田畑がみてとれる（図50）。

この良好な地割の痕跡が残される長滝・上之郷地域には、縄文時代後期から連綿と継続して遺

図49　長滝・上野郷に広がる条里跡

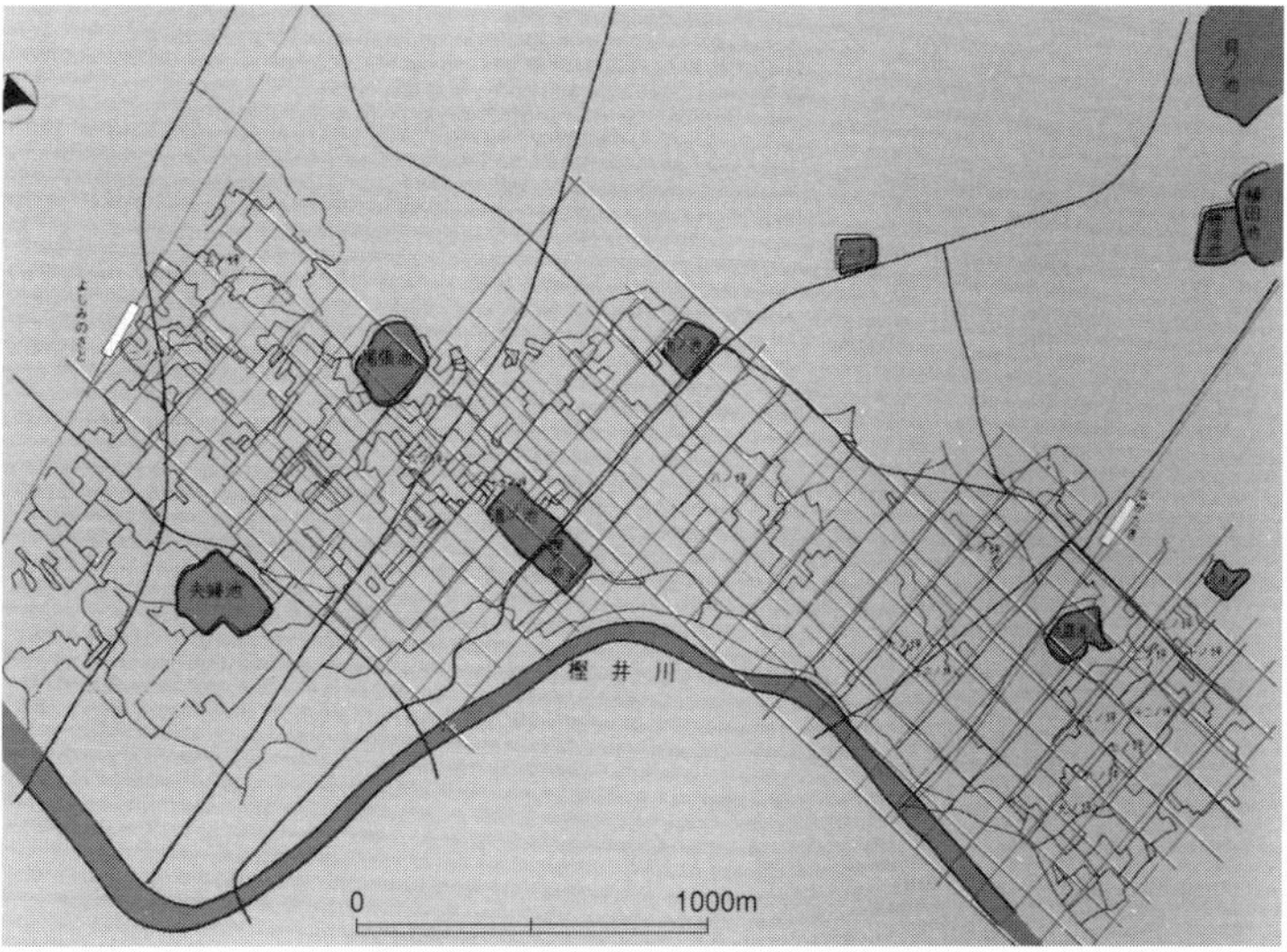

図50　条里の地割図（小字園）

構・遺物を出土する市域でも重要な遺跡が所在している。

とくに三軒屋遺跡は、縄文時代後期から重層的に連綿と継続する複合集落遺跡として注目されてきたが、近年の調査では埋没古墳が数多く検出されるとともに、その末裔となる有力者たちの居住地と推定される建物群も検出され、今後目的を明確にした調査の実施が検討されている。

これまでの発掘調査結果によれば、当遺跡を含む条里遺構が広がる沖積段丘面の旧来の地形は、浅い埋積谷がいく筋も走る起伏に富む地形であったことが明らかとなってきた。

現在この地に立ってみると、内陸部から海岸線に向かって、緩やかに下降してはいくものの、起伏もほとんどなく、平坦地であるといえるが、地割の施行があった以前は、かなり起伏に富んでいた地形を示していたことがわかってきた。さらにこの埋積谷に堆積している自然層を観察してみると、瓦器椀の細片など中世の遺物が出土していることが確認されてきている。

したがって、現在樫井川右岸部に広がっている条里地割の多くの地区では、地割が成立した時期を中世以降に比定することが妥当ではないかと考えられてきている。

泉佐野市では、樫井川右岸部のほかに条里地割が顕著にみられる地域は所在していないが、佐野川左岸部の中庄地区には、「一ノ坪」の地名が残されている。この地名を元に、佐野川左岸部に広がっている沖積地では、「一ノ坪」の現地比定などの作業が早くからおこなわれてきた（図51）。

現在、この地域にある段丘崖の配列と、佐野川左岸部でわずかに認められる直行型地割の痕跡をたどり、条里線の走行と里域の分析が進められてきた。その結果、条里線の走行はN三九度Wで、

図51　佐野川左岸条里復元図（中央の四角の枠が一里）

海岸部から内陸部にかけて一里以上の里域をもった条里であった可能性が指摘されている。

またこの地域でも発掘調査が進んできたことから、旧来の地形の様子が確認されてきている。

国道二六号線より三五〇メートルほど北西に進んだところに泉佐野市立日新小学校が所在している。この小学校の南西部約四〇〇メートルには、南東から北西に向かって大きな段丘崖が走行しているが、段丘崖下から小学校にかけては、この地域ではめずらしく、現在も田畑の広がる様子がみられる。

この周辺を含んだ遺跡として湊遺跡が周知される。一九八〇年度に実施された発掘調査の結果によると、段丘崖と同じ方向に深さ二・〇メートルほどの埋没した旧河道が検出されている。これ以後にも数次にわたって発掘調査がおこなわれ、この近辺には旧河道が数本走っていた様子が明らかとなってきた。

小学校の西南に接する旧河道の下層からは、弥生時代後期末から古墳時代前期の製塩土器などが出土しており、古代製塩の実態を明らかにできる資料として注目される（図53）。また、他の旧河道の下層からは、十世紀の土師器や須恵器などが出土していることから、当時はまだ旧来の地形を残していた可能性が考えられる。

しかしながら、堆積層の中層あるいは上層を観察すると、褐色系を主としたシルト層がかなりの厚みをもって確認されるが、この堆積層は、自然に堆積したものではなく、人為的にかなり短い期間で埋め立てられたものであることが明らかとなった。この堆積層からは、瓦器椀および土師器片などの中世遺物が出土していることから、この頃になって現在の景観に近づいたものと考えられ、この周辺部での条里の施行は少なくとも中世にまで下るものと考えている。

図52　湊遺跡　1981年度90−4区・1991年度調査区遺構平面図

図53　90-4区出土遺物

先述したように、長滝・上之郷および湊・中庄地域では、平安時代後半から鎌倉時代中葉にかけての集落遺跡が、ほかの地域とくらべ良好な状態で数多く所在しているわけだが、これらの地域ではすでに比較的規模のまとまった耕地開発が施行された地域であったといえる。

こうしたことから、一部地域では十世紀初頭からすでに開発が進行していたことは十分に想定されるのではあるが、その完成は中世の大規模な耕地開発によるものであることは、ほぼ疑うところではない。

このように条里地割の施行があった沖積世に形成された下位段丘面の様子とは対照的に、新期洪積世に形成された上・中位段丘上に立地する日根野村周辺は、中小の礫層などを多く含んだきわめて保水力に乏しい地盤であり、この時期にいたるまでは耕地化の進行ができなかった未墾地として残されてきた。そのことを示すように中世以前の遺跡の存在は希薄であり、とくに遺構の検出はほとんど知られていない。

つまり、日根荘の成立当初からその終焉まで当荘の中心的な村として存在した日根野村の中央部は、古代においては未墾地として人工的な開発からは取り残されてきたようである。

さらにこのような姿は、日根荘成立後も同様であったことが開発絵図に「荒野」の標記があることから推測されているが、当地周辺部で実施されてきた発掘調査においても十三世紀代の良好な遺跡が確認されていないことは、そのことを裏づけるものとなっている。

V 日根荘の発掘

中世荘園遺跡における考古学的側面からの本格的な調査は、一九六一（昭和三十六）年から始まった広島県草戸千軒町遺跡の調査に端を発し、全国的にこの頃から中世遺跡が発掘調査の対象として意識されるようになった。さらに昭和五十年台後半から平成の初めにかけて急増した大規模開発にともない、発掘調査もまとまった規模の面積をもって実施されるようになり、それにしたがい中世荘園遺跡に関する調査・研究も飛躍的に増加し、中世荘園遺跡を構成するさまざまな内容が明らかとなってきた。

日根荘に関しては、泉佐野市内各所で発生する開発行為にともない、中世遺跡の断片的な発掘調査が実施されてきた。しかしながら、荘園遺跡の分析・解明をめざした計画的な発掘調査が実施されることはなく、緊急調査による成果についても荘園遺跡そのものの解明を目的に作業がおこなわれることはなかった。

一九九四（平成六）年九月の開港を目標とする関西国際空港の建設を契機に、空港連絡道路をはじめとしたさまざまな空港関連事業が泉佐野市内で実施されることとなった。このような関連事業にともなう埋蔵文化財調査について、大阪府教育委員会では外郭団体として財団法人大阪府埋蔵文化財協会（当時）を設立し、本格的に実施することとなった。また、一九八九（平成元）年三月からは「日根荘総合調査指導委員会」の指導のもと、地理・地質・歴史・民俗・建築などの各分野からなる、日根荘の総合調査が実施される運びとなった。

これまでの文献史学による数多くの研究成果を基盤として実施されたこれらの調査によって、日根荘の総合的な遺跡研究は大きく進展することとなったが、考古学の分野においても豊富な考古資料によって日根荘における集落、墓地、流通など、中世の社会構造の一端を明らかにすることが可能となりつつある。

1　平安時代の村落と寺院

九条家の領地支配下にあった泉佐野市には、中世の遺跡だけではなく、それ以前の縄文時代後期から古代にかけての遺構や遺物を検出する遺跡が、むろんのことではあるが存在している。本節では、日根荘成立以前となる十世紀から十二世紀の集落遺跡を対象として、その様子をみていきたい。

十〜十二世紀の遺構ならびに遺物などを出土する遺跡には、井原の里、湊、檀波羅密寺、船岡山、長滝、植田池、諸目、三軒屋、上之郷、机場、郷ノ芝、母山遺跡などがあげられる。

このほか、遺構は検出されていないものの、黒色土器や土師器あるいは瓦などを出土する遺跡は、貝田、森山、樫井城跡、樫井西、禅興寺跡、安松、中開遺跡などがあり、遺跡の所在地は段丘上にまで拡大をみせる。

しかしながら、構造等への言及が可能な調査例は非常に乏しいことや、古代末から中世へと連綿とつづくような遺構・遺物の調査例も認められないことなど、古代的な村落から中世村落への移行過程を追及するまでにはいたっていない。

先述したように遺跡の所在地は、湊、三軒屋、諸目、上之郷遺跡などは、すべて沖積地に立地している。とくに、三軒屋、諸目遺跡などは長滝・上之郷地区に広がる条里地割上に所在し、地割と密接な関係を示すものとして注目される。

(一) 湊遺跡《みなといせき》

佐野川左岸の低位段丘面あるいは沖積段丘面に立地しており、日根荘成立以前には佐野荘に含まれる。これまでの発掘調査によって、弥生時代後期から近世にかけての各時期における集落跡が検出されている。古代の集落域は、主として熊野大道より海側に形成されていたことが明らかとなっているが、この範囲は条里区割の復元がなされた地域である。

湊遺跡における人びとの足跡は、ナイフ型石器が出土していることから旧石器時代にまでさかのぼることができる（図54）。その後、弥生時代の後期から近世にいたるまで連綿と集落跡は存続している。しかしながら集落遺跡として認識できる具体的な遺構や遺物の検出は、奈良時代まで待たなければならない。

奈良時代の掘立柱建物群が形成されるのは、熊野大道のすぐ北側周辺、遺跡のほぼ中央部付近が中心である。当該期の集落は、さほど大規模なものではないようで、数軒の建物が集合して集落を形成していたようである。

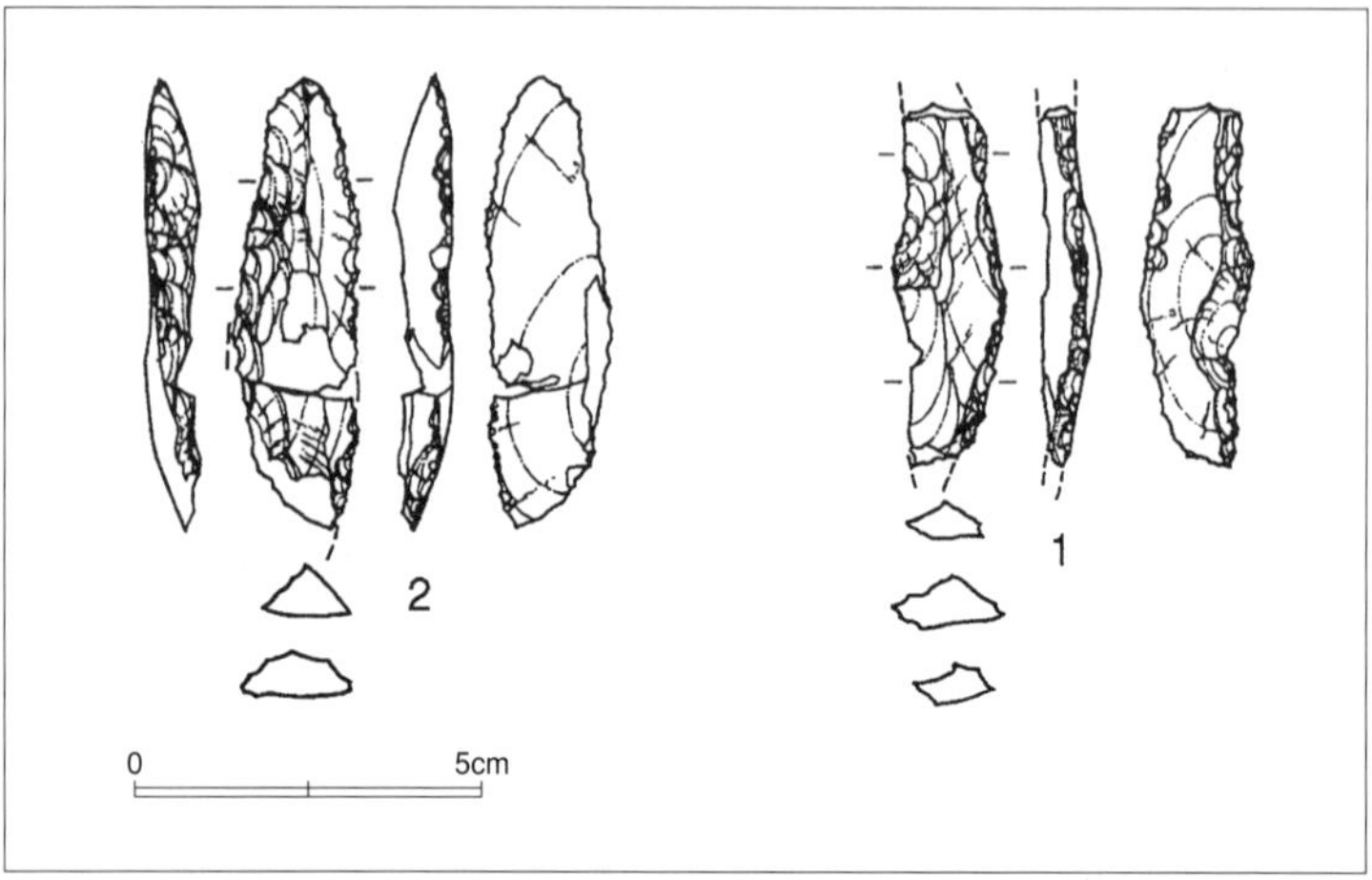

図54　湊遺跡出土石器（1・2：ナイフ形石器）

建物の方向は復元条里地割を踏襲していない。

同時代の遺物は比較的多量の出土がみられ、須恵器・土師器などの土器類のほか、和銅開珎、円面硯、石製カ帯などの特殊遺物も出土している（図55）。

その後、平安時代に入ると、比較的海浜部に近いところに場所を変えて集落が形成されていくが、これらの集落は復原された条里地割とほぼ同じ方向を示している。

一九八一（昭和五十六）年に湊を通過する府道堺・阪南線沿いで実施された調査では、掘立柱建物が一二棟確認されたほか、たこ壺や土錘などの漁労具を焼成した窯であると考えられる円形土坑などが検出されている。しかしながら、周囲には溝など建物を画するような施設は検出されていない（図56）。この時の調査を具体的にみてみよう。

調査区では、建物の復元が可能となった柱穴以

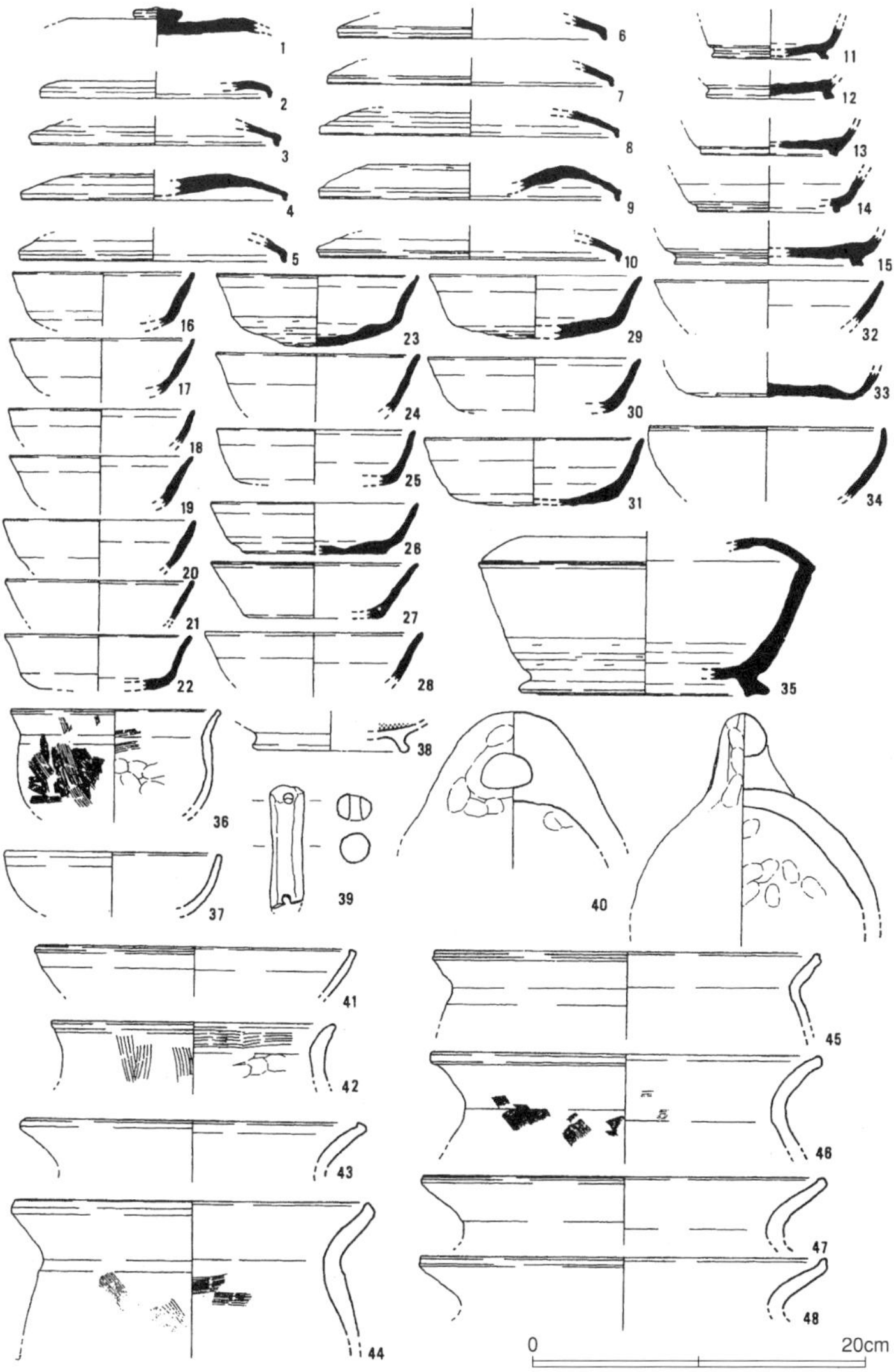

図55　湊遺跡出土土器実測図

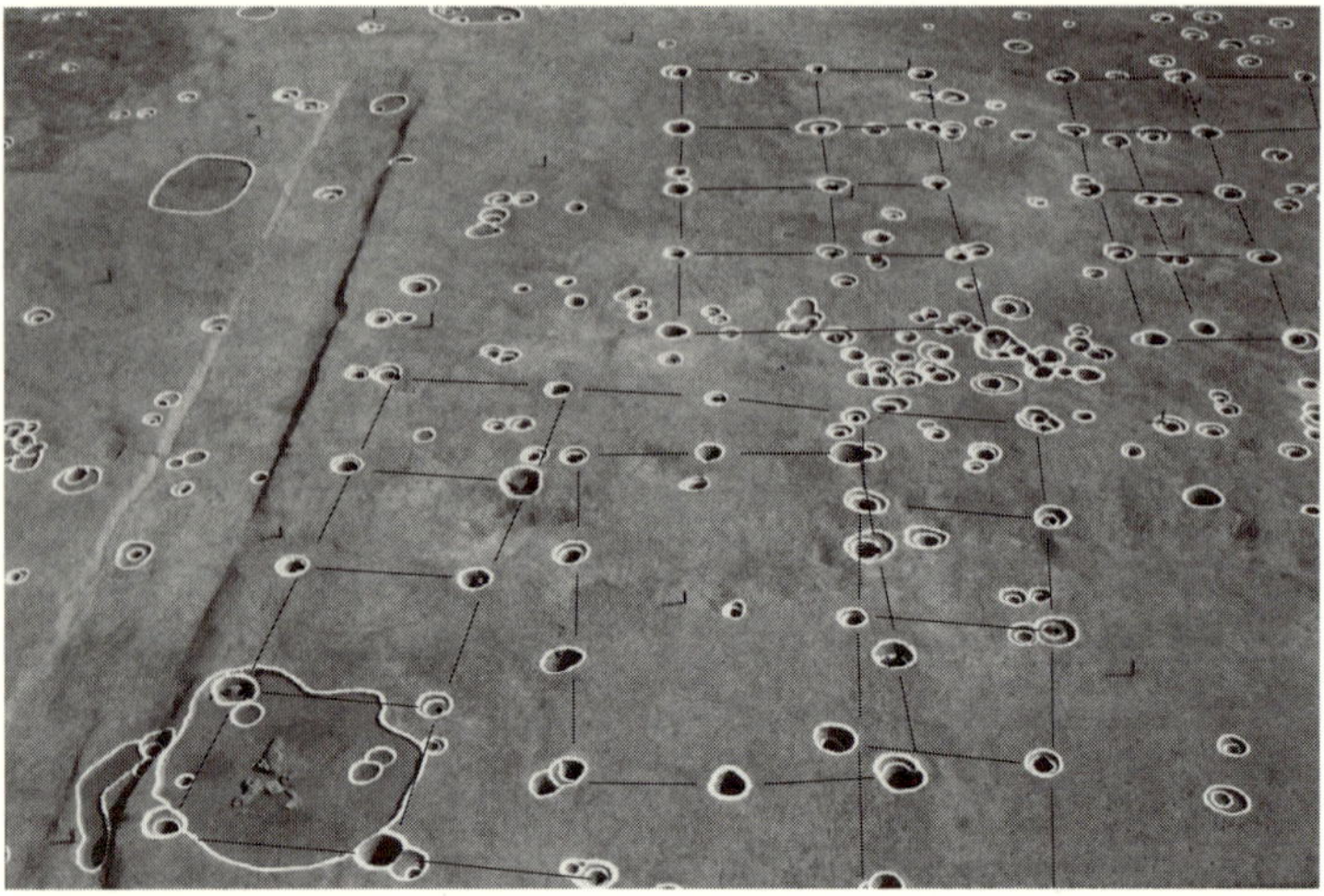

図56　湊遺跡のムラのようす

外にも大量の柱穴が確認されていることから、建て替えがおこなわれていたことが推測される。一二棟復元された掘立柱建物のうち、主軸をほぼ同じくする建物をグルーピングしてみると、十世紀後半から十一世紀初めまでの約一〇〇年間に、大きく三期（A～C期）にわたる建て替えがおこなわれ、集落が存続していたことがわかる。

掘立柱建物の複数の柱穴内からは、黒色土器、土師器の皿・椀などの完形品あるいはそれに近い姿を残したものが出土しているが、これらは地鎮などの祭祀がおこなわれた際、そのまま埋納されたものと考えられる。なかにはそのような雑器類とともに、たこ壺や土錘などの漁撈具が埋納された柱穴が確認される場合もあるが、海浜部に立地した集落であることからすれば、当集落の居住者たちは漁撈を生業の一つとしていたことも推測されよう。

さらにこのことを裏づけるものとして、建物群と重複しない状態で、近辺では円形土坑が複数検出されている。この円形土坑は、直径三・五メートル、深さ〇・一メートルを測るもので、内部には焼土とともにたこ壺の破片や土錘などの出土が多量にみられる。このようなことに鑑み、円形土坑は、おもにたこ壺や土錘などの漁撈具（土師器片なども出土している）を焼成する目的で築かれた窯であったと考えられる。このことも、当集落の居住者が漁撈を生業としていたことを傍証するものであろう。

　なお、検出された建物群は、その主軸がほぼ復元された条里地割りを踏襲したものとなっており、地割との関係が密接であったことを示している。

　ここで、A～C期に分類した三期の建物群について個別に述べていく。

　まずA期の建物群をみてみよう。

　この時期は総数五棟の建物が存在している。その構成としては、五軒×四軒・約一〇〇平方メートルの三面廂付き掘立柱建物を主屋として、四軒×四間の総柱建物を副屋とし、三間×二間あるいは四間×二間の附属建物からなる。主屋の北東端では不定形な焼土坑が検出されているが、建物に付随した竈であると考えられる。

　次にB期の建物群をみてみる。

　四間×四間・約六八平方メートルの四面廂付きの主屋に、五間×三間の総柱建物の副屋と二棟の附属建物をもつものである。総柱建物の柱穴からは馬具の一部が検出されている。

　最後にC期の建物群をみてみる。

　建物としては三棟を確認したが、建物相互間の距離が大きく離れているため、一つのまとまりととらえることには慎重を期する必要がある。しかしながらおなじ主軸をもち、同一空間で重複することのない建物を同時併存と考えることを基本とすることから、現段階ではこれらをC期の建物群としてとらえておきたい。

この時期の掘立柱建物の規模・面積は、三期のなかでは最も小規模となり、最大を誇るSB〇七（三間×三間の総柱建物）においても約四五平方メートルにとどまっている。ほかの二棟はいずれも調査区外へと延びており、最終的な建物構造・規模などは明らかとなっていないが、三間×二間以上のさほど規模の大きくない掘立柱建物である。このように中規模程度の建物を主屋とし、小型の建物が一棟あるいは二棟附属するような構成は、古代末期から中世にかけて普遍的にみられるものと考えられる。

A・B両期の建物群は、いずれも規模の大きな主屋に副屋および数棟の中規模あるいは小規模な建物によって構成されるものであるが、時期的にはC期より時期をさかのぼるもので、古代的様相をより残すものと考えられる。

このほか湊遺跡では、中小規模の発掘調査が継続して実施され、十世紀末から十一世紀の掘立柱建物が数カ所で検出されている。これらの建物群は、いずれも中規模な建物に小規模建物が附属したもので、一九八一（昭和五十六）年度の調査で確認された集落とはその規模において格差がみられる。

一つの建物群が所在している近辺には、他の建物群の検出は確認されていない。このことから当該期の湊遺跡の集落は、「散村」的な傾向を強く示すものといえよう。また検出された建物の主軸は、おおむね復元地割と平行したものとなっているが、当地割が肯定されるのであれば、海浜部周辺での開発は、十世紀後半には着手されたことも推定される。

（二）檀波羅密寺《だんばらみつじ》

国道二六号線の中庄交差点をやや海側に向かった周辺（湊遺跡）では、中世の絵図に描かれた大寺であった「檀波羅密寺」に関する瓦群が出土している。檀波羅密寺関連とする理由には、一部の軒平瓦の瓦頭面に「檀波羅密寺」と陽刻されたものが数点確認されているからである。この寺銘瓦を含んだ多量の瓦は、十二世紀から十三世紀初頭のもので、現時点では本寺創建期の瓦群ではないかと推定している。しかしこの時期の寺院跡関連の遺構はまったく発見されていないことや、建立に関しての文献史料等も不明な点が多く、当寺の創建に関してはまったくわかっていない。

しかし、寺銘瓦を含めた大量の瓦の出土は、この周辺にまぎれもなくこの時代の「檀波羅密寺」が実在したことを証明している。そして、付近にあった集落（「人宿本在家」か）の発見とあわせて、日根荘日根野村の実態に迫る手がかりを提供しているのである（図57）。

（三）井原《いはら》の里遺跡《さといせき》

湊遺跡とは佐野川をはさんだ左岸流域の中位段丘面上に立地している。湊遺跡とともに熊野大道に沿って広がっていた井原村の一つと考えられる。これまで実施されてきた発掘調査は、小規模なものばかりであり、集落の一端を把握するのみにとどまっている。

これまでに十世紀後半の遺物を出土する柱穴あるいは土坑などが検出されているところから、掘立柱建物による集落の存在が推測される。

柱穴の一つからは、地鎮などの祭祀をおこなった際に埋納された、土師器の杯、皿などが検出さ

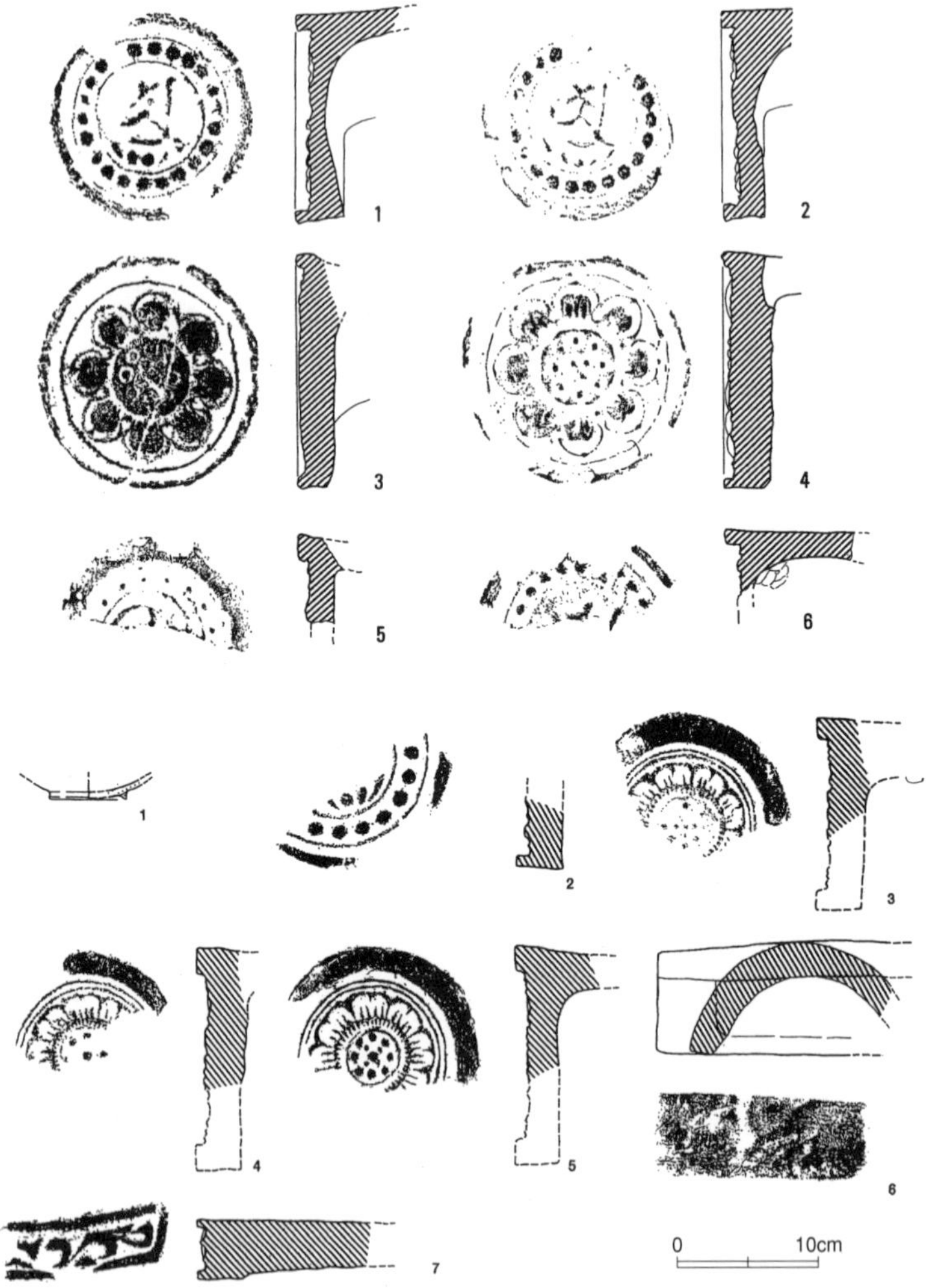

図57　檀波羅密寺に関連する出土瓦ほか

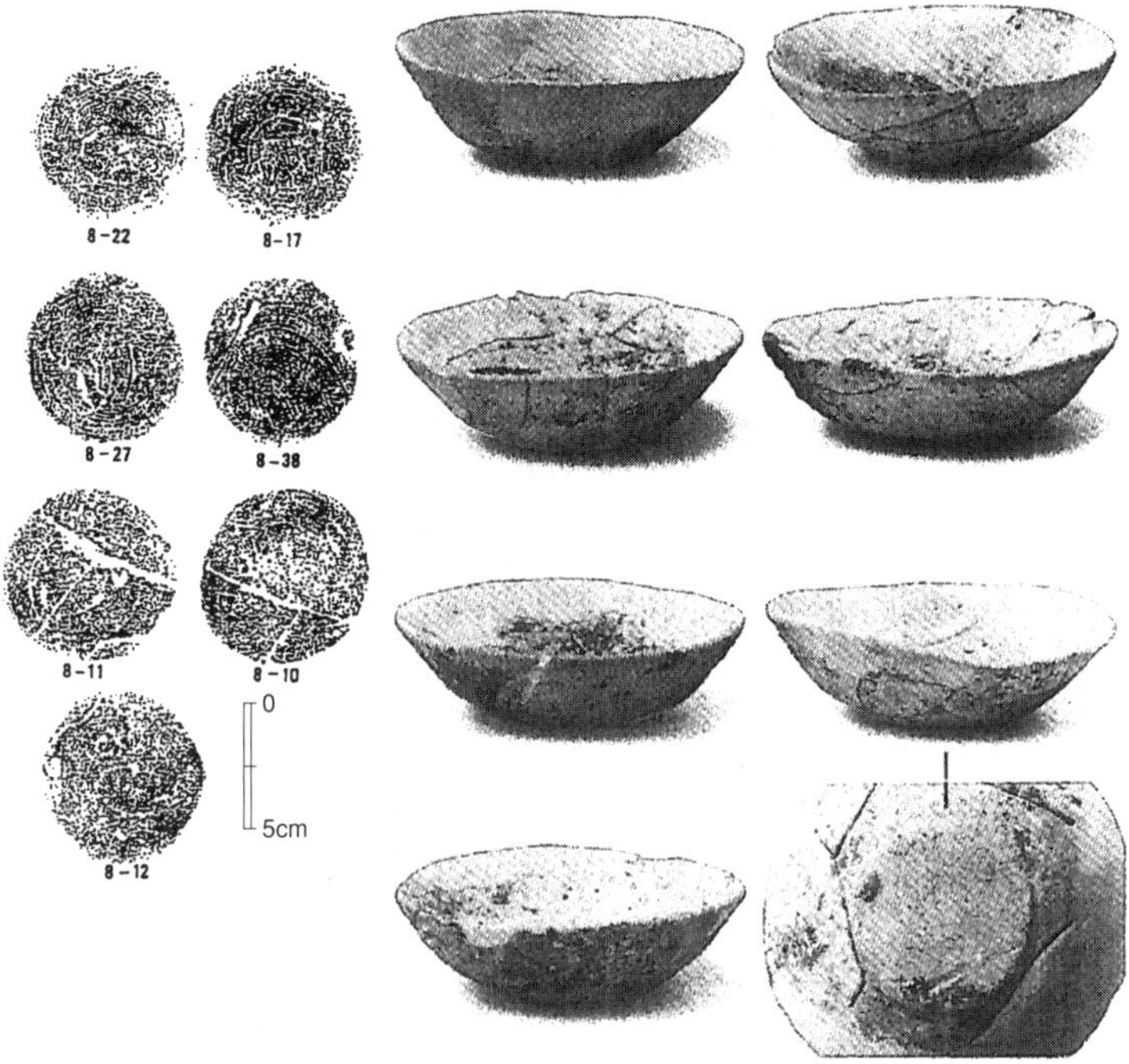

図58　井原の里遺跡出土土師器

れている（図58）。小皿は四四点、杯は七点出土しているが、いずれも平底で外上方に短くのびる口縁部により形状を整えている。口縁部にある粘土ひもの痕跡からロクロで全体を成形し、底部外面の様子から糸切りあるいはヘラ切りによってロクロから取り外していることがうかがえる。この類の土器は三軒屋遺跡でも出土しているが、それらは黒色土器の椀と共伴していることが確認されており、十世紀後半頃に帰属するものであろう。

（四）三軒《さんげん》屋《や》遺跡《いせき》

樫井川右岸の低位段丘面にひろがる縄文時代後期から近世まで連綿と継続して遺構・遺物を検出する複合遺跡である。遺跡の立地している沖積面一帯には条里

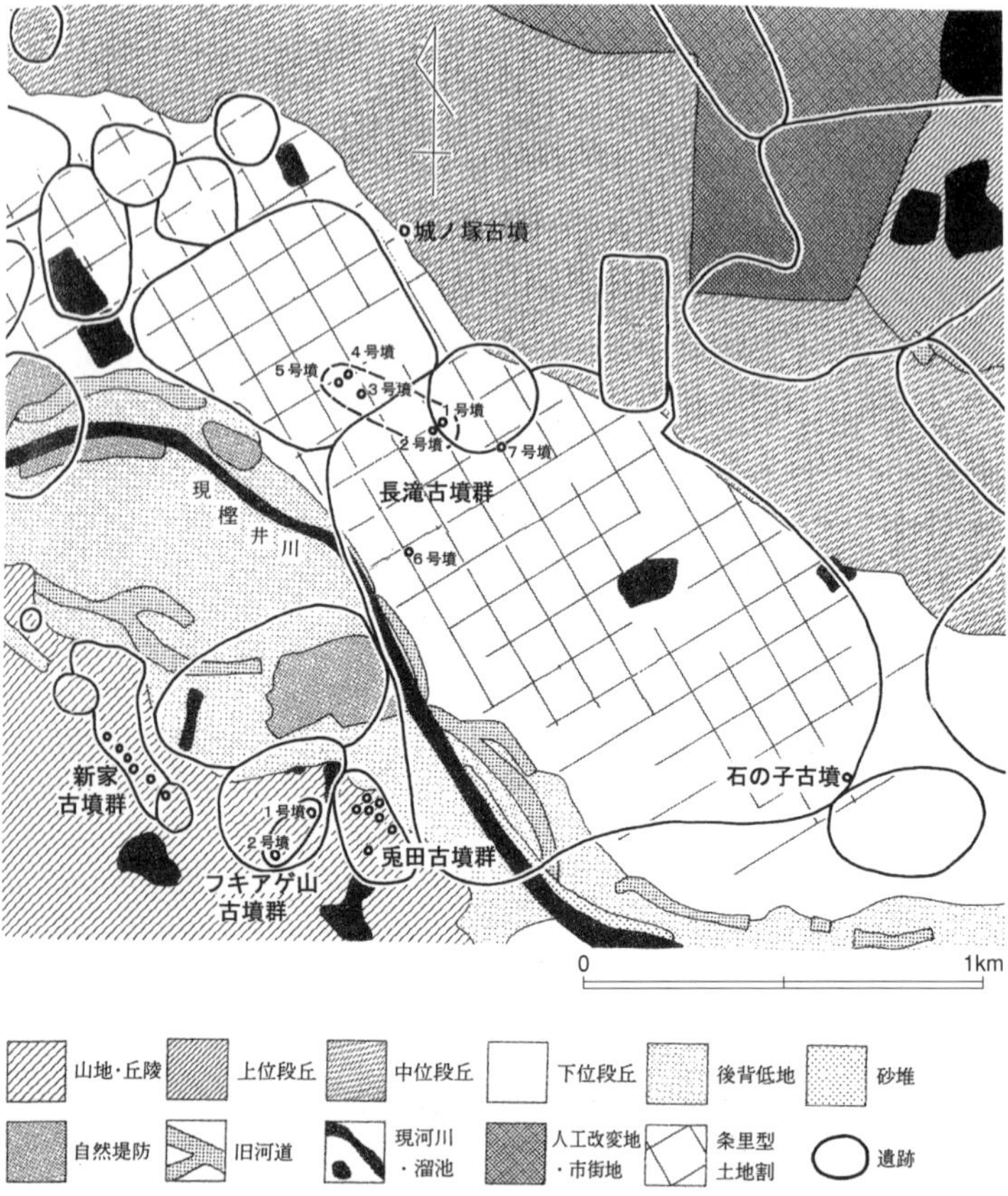

図59　樫井川両岸の古墳の分布

地割が広がっているが、上述したようにこの条里遺構の下には埋積谷がいく筋も走っており、その埋土からは中世遺物が出土している。したがって、この地域に広がる条里地割全体の施行は古代にまでさかのぼることはないようである。しかし、一九九〇（平成二）年度に実施された市道の拡幅工事にともなった調査では、平安時代前半頃の遺物を出土する幅一・六～一・八メートル、深さ〇・二メートルの東北方向から西南方向への流れをもつほぼ直線の溝を検出

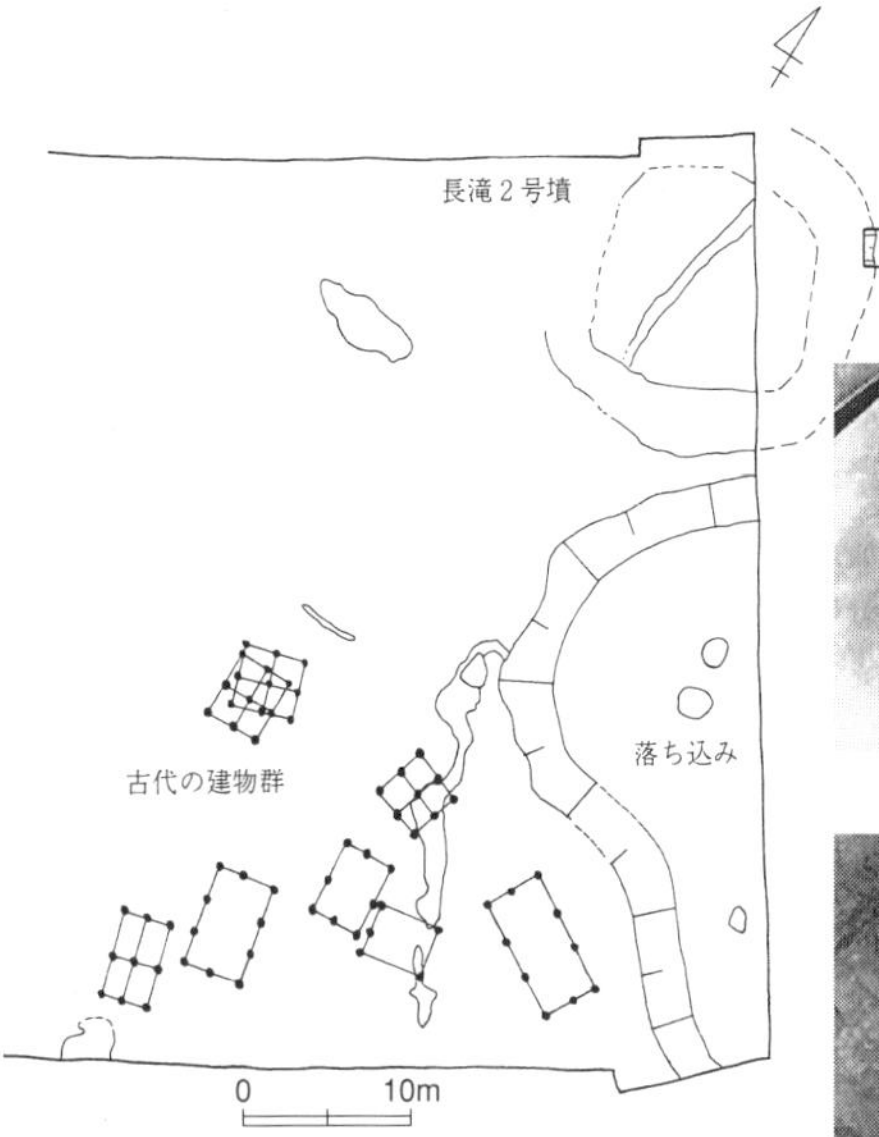

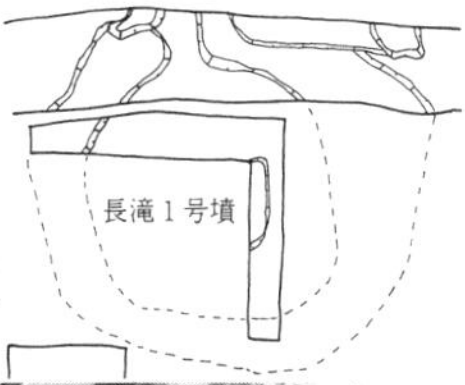

長滝１号墳(三軒屋遺跡00－１区)
全景

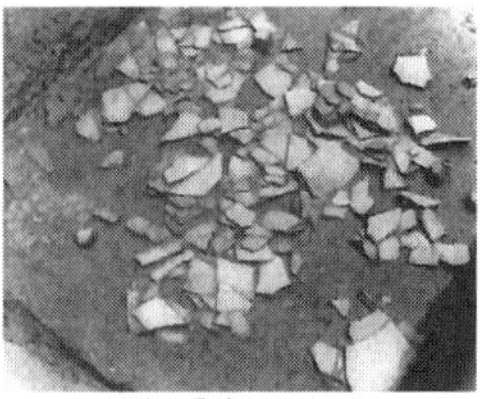

長滝１号墳(三軒屋遺跡00－１区)
溝遺物出土状況

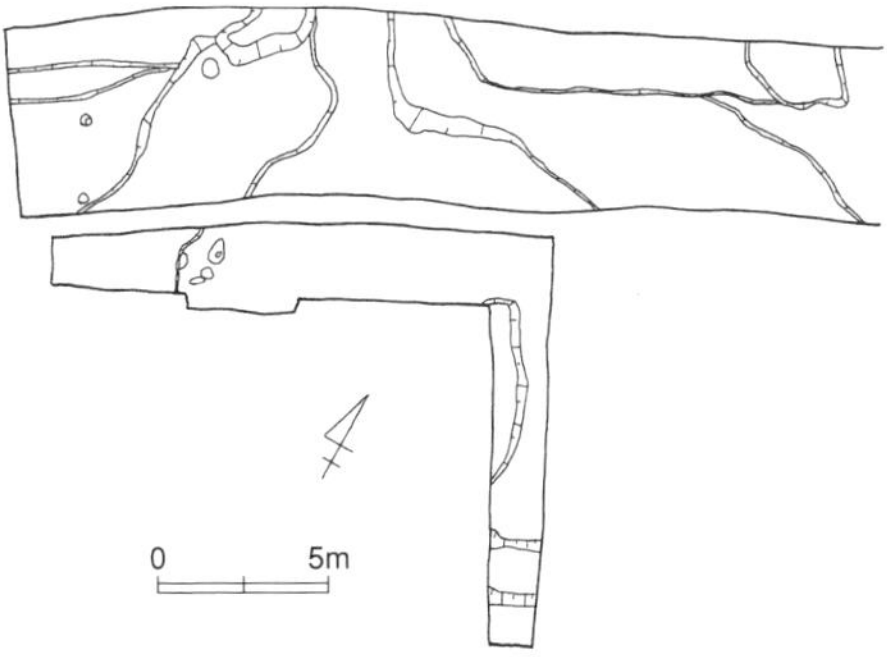

長滝１号墳

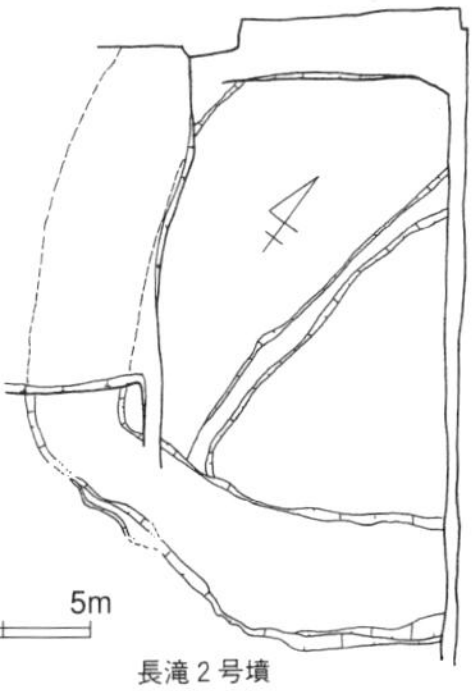

長滝２号墳

図60　長滝１・２号墳遺構平面図

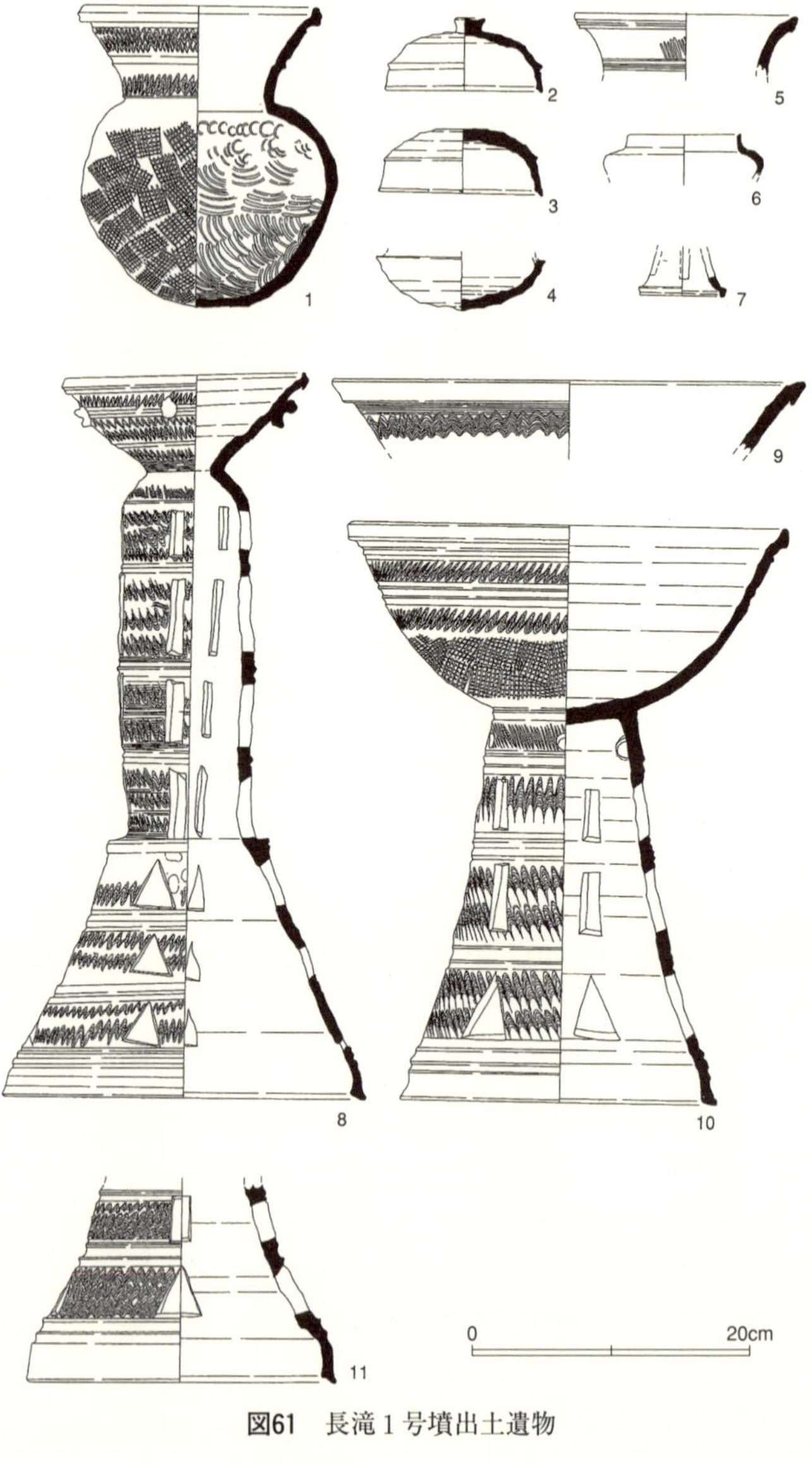

図61　長滝１号墳出土遺物

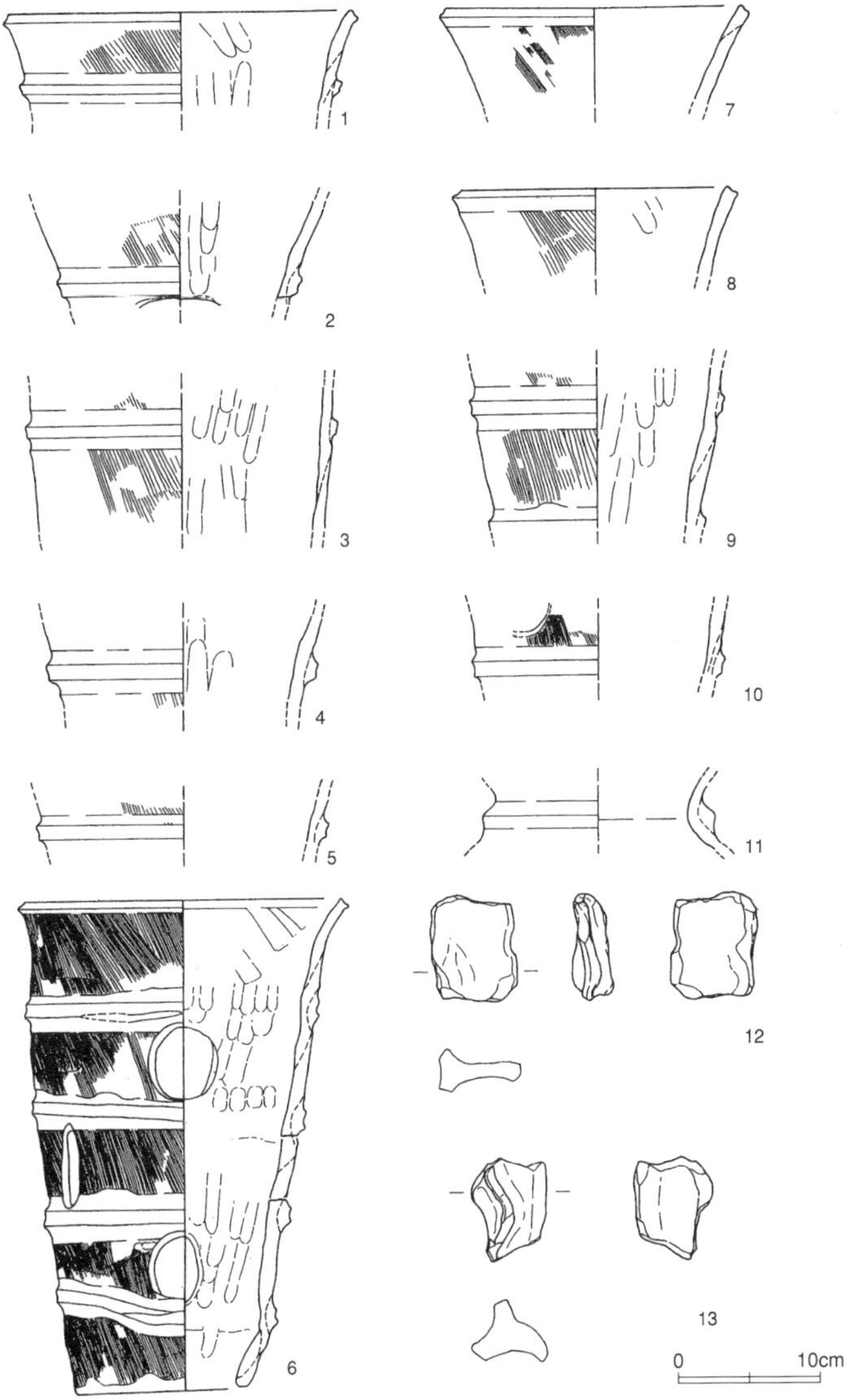

図62　長滝２号墳出土遺物

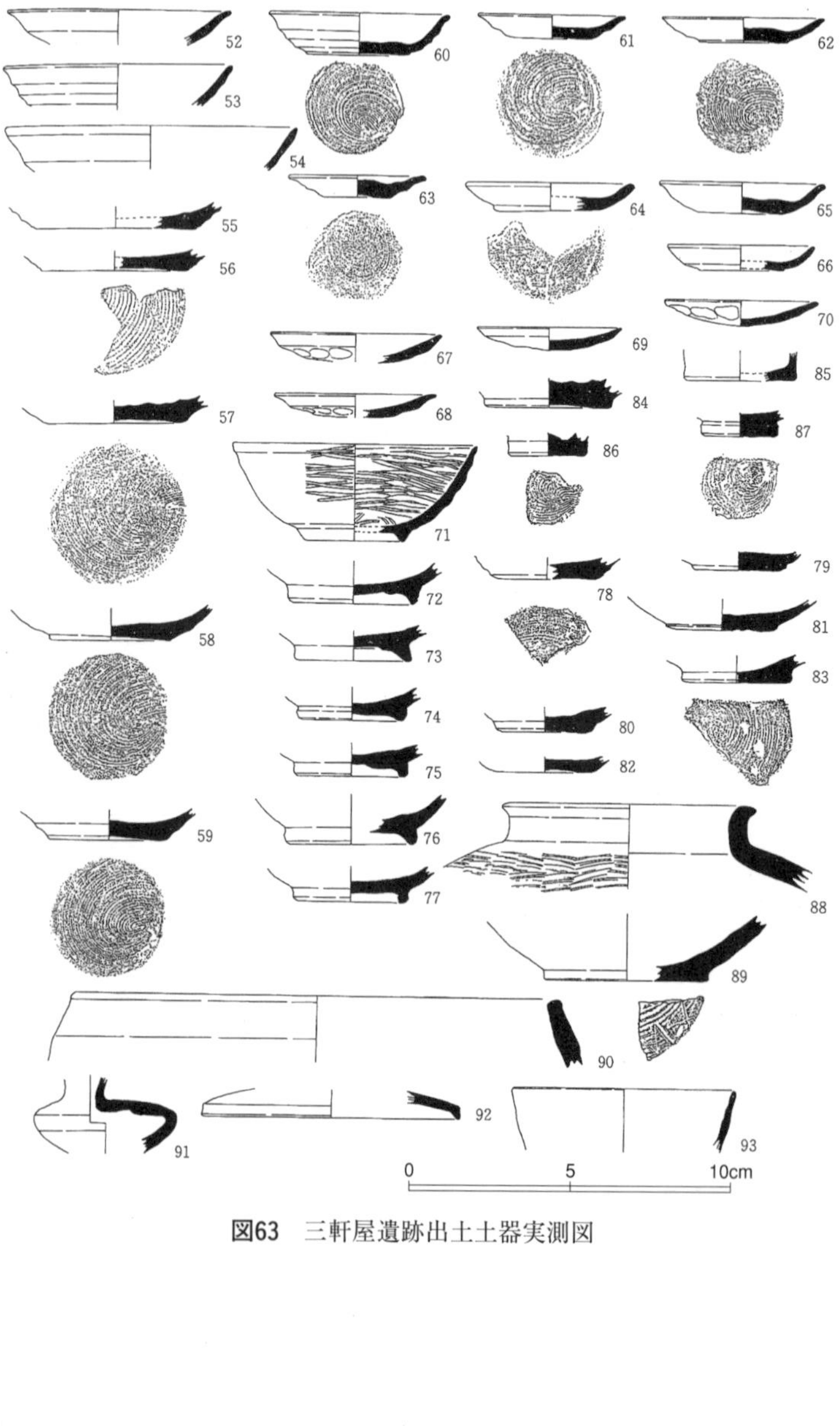

図63　三軒屋遺跡出土土器実測図

している。地割とはまったく同方向を示すものであり、坪境の溝になると考えられる。

このあたりでは、近年五世紀後半から六世紀にかけての古墳が相次いで確認されてきており、現在では少なくとも六基の古墳が確認されている（図59）。残念ながら部分的な調査にとどまっており、墳丘の形状などを明らかにするところまではいたっていないが、須恵器や埴輪などの遺物を周濠から多量に出土している（図61・62）。

また、七世紀初め頃の掘立柱建物数棟で構成される集落跡が検出されているが、ここから東側へ約五〇〇<ruby>メートル</ruby>の段丘上には、村絵図にも描かれた、古代寺院の「禅興寺」が立地していたと推定されることから、当集落と寺院との関連などが注目される。

このように本遺跡のなかでもこの近辺は、比較的早くから開発が取り組まれた地点であったことが考えられ、本格的な耕地開発もこの周辺では古代からすでに手がけられていたものと考えられる。

本遺跡においては、平安時代の遺物はほぼ全域で出土しているものの、その時期の遺構については坪境の溝以外、まったくといってよいほどわかっていない。JR阪和線長滝駅近辺の沖積段丘面上においては、近年平安時代の遺物を含む柱穴や土坑などが確認されているが、建物群の復元にまではいたっていない。なお、この長滝駅付近での調査では、黒色土器の椀のほか、井原の里遺跡でも出土した糸切り底の土師器の杯や皿が数多く出土している（図63）。

（五）長滝遺跡《ながたきいせき》

標高二六〜一八<ruby>メートル</ruby>の上位段丘面から中位段丘面上にかけて立地する。空港連絡道路関連の調査によって浅い埋積谷や池跡などの旧来の地形が確認され、そこから奈良時代の井戸や柱穴群、平安時代前期頃の土坑墓群などが検出されている（図64）。土坑墓からはほぼ完形の土器が一個体副葬品として埋納されていた。

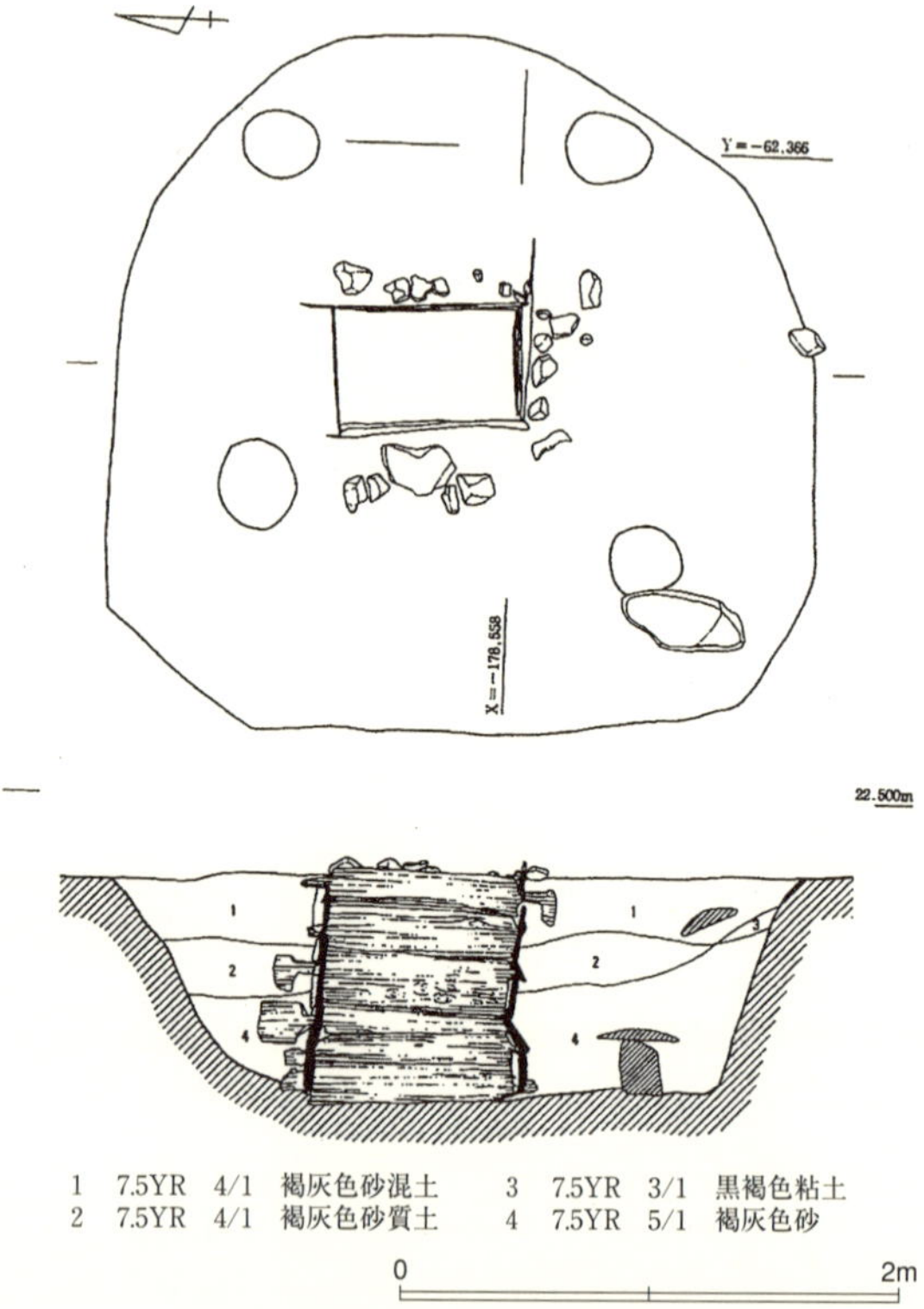

1	7.5YR 4/1	褐灰色砂混土	
2	7.5YR 4/1	褐灰色砂質土	
3	7.5YR 3/1	黒褐色粘土	
4	7.5YR 5/1	褐灰色砂	

図64　長滝遺跡　井戸平面・断面図

当遺跡から出土する遺物には、旧石器、縄文石器、弥生式土器、須恵器、土師器、黒色土器、瓦器、瓦質土器、瓦、陶磁器、滑石製紡錘車、砥石など量、種類ともに多くみられるが、なかには円面硯や斎串などもみられる（図65・66）。

（六）上《かみ》之《の》郷《ごう》遺《い》跡《せき》

樫井川右岸部の低位段丘面上に立地し、縄文時代後期から中近世にいたる遺物、遺構などを出土している。これまでの発掘調査によると、平安時代前期から中期頃に開発のピークがうかがわれる。一九八五（昭和六十）年度実施の市立上之郷小学校の建替え工事

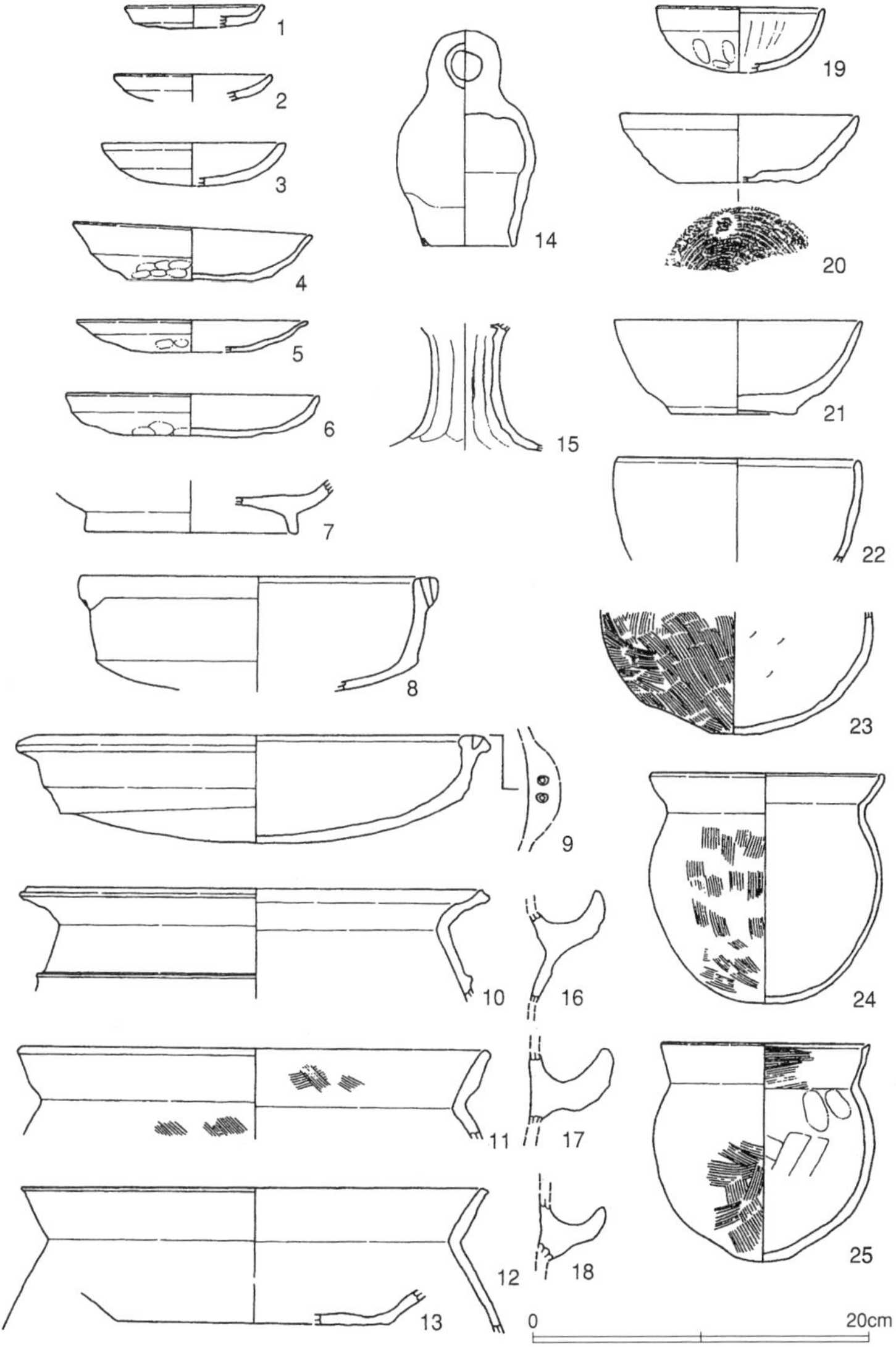

図65　長滝遺跡　出土土器（1）

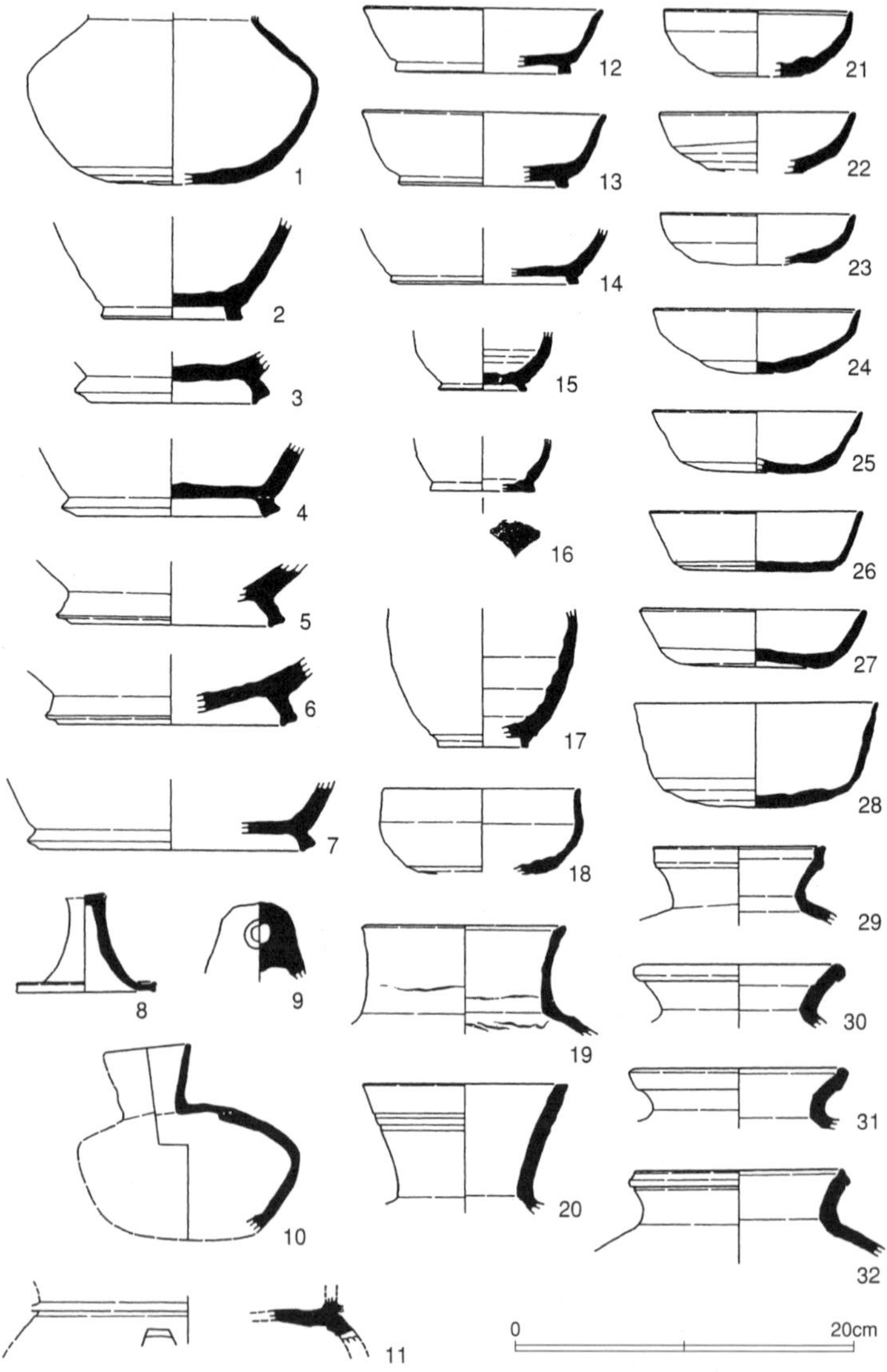

図66　長滝遺跡　出土土器（2）

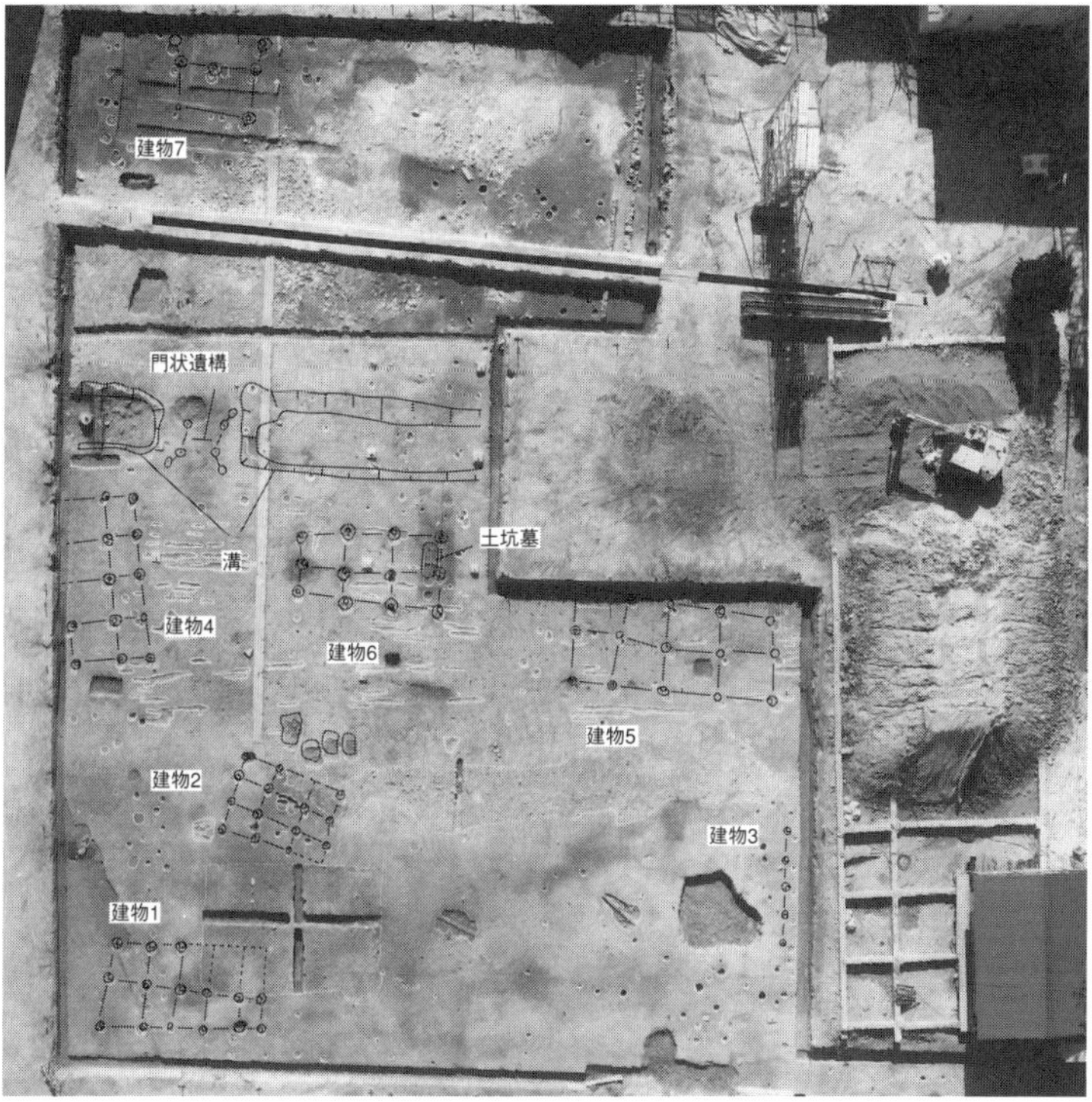

図67　上之郷遺跡の遺構配置

にともなう発掘調査では、掘立柱建物七棟、土坑墓二基、柵列および溝などが検出されている。七棟検出された掘立柱建物のうち五棟は、溝によって南側に区画された範囲にほぼ同じ方向の主軸をもって建ち並ぶ。土坑墓は屋敷墓ではないかと推測される。

溝は幅約三メートル、深さ約一・〇メートルで、北側の肩口には溝に沿って柵列が並ぶ。溝と柵列は途中三・〇メートルほど途切れているが、そこには規則性をもって並ぶ柱穴が検出されることから、ここが居住域への入り口となり、柱穴は門状の遺構であったことも推測される(図67)。

このように周囲を溝などによって区画した空間内部に、建物群などの生活遺構が確認される様子は、屋敷地（居館跡）などの特定集団の居住空間であることを示すものとも考えられる。掘立柱建物には規模の大きな主屋と推定されるものもみられるが、全体的に溝に近いところで検出されているため、いま少し拡がりをもった調査を待って検証することが必要である。

当調査で出土した遺物は、平安時代前期から中期頃の土師器、黒色土器、緑釉陶器、ふいご羽口などがある。また、近辺の調査ではこの時期のとりべなども出土している。緑釉陶器は近江産のものであるが、やはり所有者の優位性を示すものであり、ふいごなど鋳造に関連した特殊遺物の出土は、居住域で農具などの製作がおこなわれていたことを想定するものである。

区画している溝の方向は、所在する周辺の現況地割を踏襲しており、ここから西北に四〇〇<ruby>メートル</ruby>ほど広がる条里地割とはまったく違った方向を示している。このことから、上之郷の開発にかかわった有力階級層の屋敷地であったことが想定される。

2　日根荘と周辺の中世遺跡

ここからは、宮内庁書陵部所蔵の九条家文書から知れる日根荘の中世農村の姿について、遺跡─埋蔵文化財の調査によって明らかとなってきた遺構・遺物を基礎資料とした考古学的な側面から迫ってみたい。

最初に述べてきたように、当時の日根荘の姿を伝える重要な資料の一つに、日根野村の荘園絵図（一三一四年）がある。この絵図には寺社関係の建物のほか、集落、耕地、ため池あるいは荒地、さらには熊野大道（熊野街道）などが描かれている。このように本絵図は、十四世紀代の日根野村の景観をビジュアル的に伝えてくれる一級資料ではあるが、絵図に描かれた情報と調査によって確認されてきた考古資料との内容がかならずしも一致するとはいえない。ただし、市域所在の遺跡からは、中世期に属する遺構・遺物が検出される割合は多く、市域で周知される八〇カ所の遺跡すべてから遺構あるいは遺物が検出されるといっても過言ではない。

全国で確認される中世遺跡の大半は荘園であるが、当市の中世遺跡も一部を除くと日根荘に比定されるものである。しかしながら先述したように、日根荘遺跡として史跡指定を受けている一五地点は、大木地区の「長福寺跡」を除くと考古学的手法により確定された地点は存在しない。そのため本節では、日根荘ならびに周辺に所在する周知の中世遺跡で検出した調査資料を使って、日根荘での生活文化の様子を伝える遺跡を概観してみたい。その後、史跡指定地点で発生した現状変更にともなう確認調査で検出された遺構や遺物の状況を個別に解説していく。

日根荘が九条家領として成立した中世前期（十二世紀中頃～十四世紀中頃）には、湊遺跡、上町東遺跡など、熊野街道より海浜部近辺に集落遺跡が立地している。これらは、日根荘井原村に比定可能な地域だが、南海本線沿線地域でもあり、早くから市街化の進行した地域である。そのため、市域のなかでも開発にともなう発掘調査の機会が最も多くみられ、当然ながら両遺跡での調査資料は膨大となっている。そればかりでなく、一調査区あたりで検出される遺構・遺物量およびその内容についても非常に膨大であり、荘内の集落遺跡では、両遺跡の存在は突出したものであり、当時の人びとの生活、生産、信仰などの様子を良好に伝えてくれている。

　また、日根野村およびその近辺では、日根野遺跡、机場遺跡から十三世紀の掘立柱建物群と土坑墓が出土している。建物群は、屋敷地を構成しており、土坑墓はその屋敷墓であったことが考えられる。

　この時期の墓地は、檀波羅密寺跡で確認されている。すべて土葬で、現在までにまとまって六基検出しているが、これより東側でも散発的に出土していることから、比較的広範囲に形成されたようである。形成された場所は、天神山と称される小規模丘陵の中腹で、絵図に描かれた「檀波羅密寺」が所在した近辺である。

　南北朝時代末期から室町時代末期にかけては、日本国中が戦渦に巻き込まれた戦国時代へと向かう。九条家支配の日根荘は、この時期には日根野村と入山田村の二村のみとなり、十六世紀中頃にはその支配は終息を迎えてしまう。

　このように中世後期（十四世紀後半〜十六世紀中頃）の九条家領日根荘としては、日根野村・入山田村の二村のみで、埋蔵文化財包蔵地としては、大木遺跡、日根野遺跡、机場遺跡などがあげられる。

　九条家支配からはずれたとはいえ、泉佐野市には長滝荘・上郷・鶴原荘・佐野井原荘の所領が依然存在し、中世後期の集落や寺院の様子がそれぞれ遺構となって検出される。したがって、ここでは日根荘だけでなく、市域各荘で検出された主だった遺構・遺物も概観することにより、中世後期の日根荘および周辺集落の様相を探ることとする。

　日根野村およびその近辺に所在する日根野・机場遺跡では、南北一町、東西半町の長方形の周溝をめぐらした屋敷地が確認されている。

　入山田村所在の長福寺跡からは、十五世紀〜十六世紀の堂宇あるいは苑池が確認されている。

佐野井原荘では、上町東遺跡、若宮遺跡などで集落が確認されるが、上町東遺跡では鎌倉時代に栄えた集落から南西に移動する。若宮遺跡では、集落のほか墓地なども確認されている。上町・市場西遺跡は十五世紀に栄えた集落で、密集した屋敷地の周囲を溝で囲み、典型的な集村の様子を示す。

檀波羅密寺跡では、天神山丘陵の裾野にほぼ一町四方に二条の溝で囲む寺院関連施設が、大量の瓦などとともに検出されている。

長滝荘に含まれる安松遺跡では、中世後期～近世期初頭にかけての寺院に関連するであろう遺構群が確認されている。

樫井西遺跡では、居館にともなう幅四・〇～五・〇メートル、深さ一・五メートルほどの大溝、さらには幅約三・〇メートル、深さ〇・八メートルの溝で画した屋敷地が検出されている。屋敷地には二棟の建物が存在する。

樫井西遺跡の南側に接する樫井城跡には、小字名が「詰」という土地を「沼」という土地で周囲を囲む地点がみられる。沼の幅は四・〇～一〇・〇メートルで、規模は東西九〇メートル（一町）、南北四五メートル（半町）である。現在まで発掘調査はおこなわれず、地表面からの観察ではあるが、堀で囲む城館遺構と推定している。

以下、個々の遺跡について述べていく。

（一）森山遺跡

森山遺跡は、泉佐野市と貝塚市の境を流れている見出川左岸下流域の低位段丘面上に立地し、中世前期には「日根荘鶴原村」に含まれていたが、中世後期には九条家支配からはずれてしまう。

中世の遺構面は低位段丘面の標高五・〇から

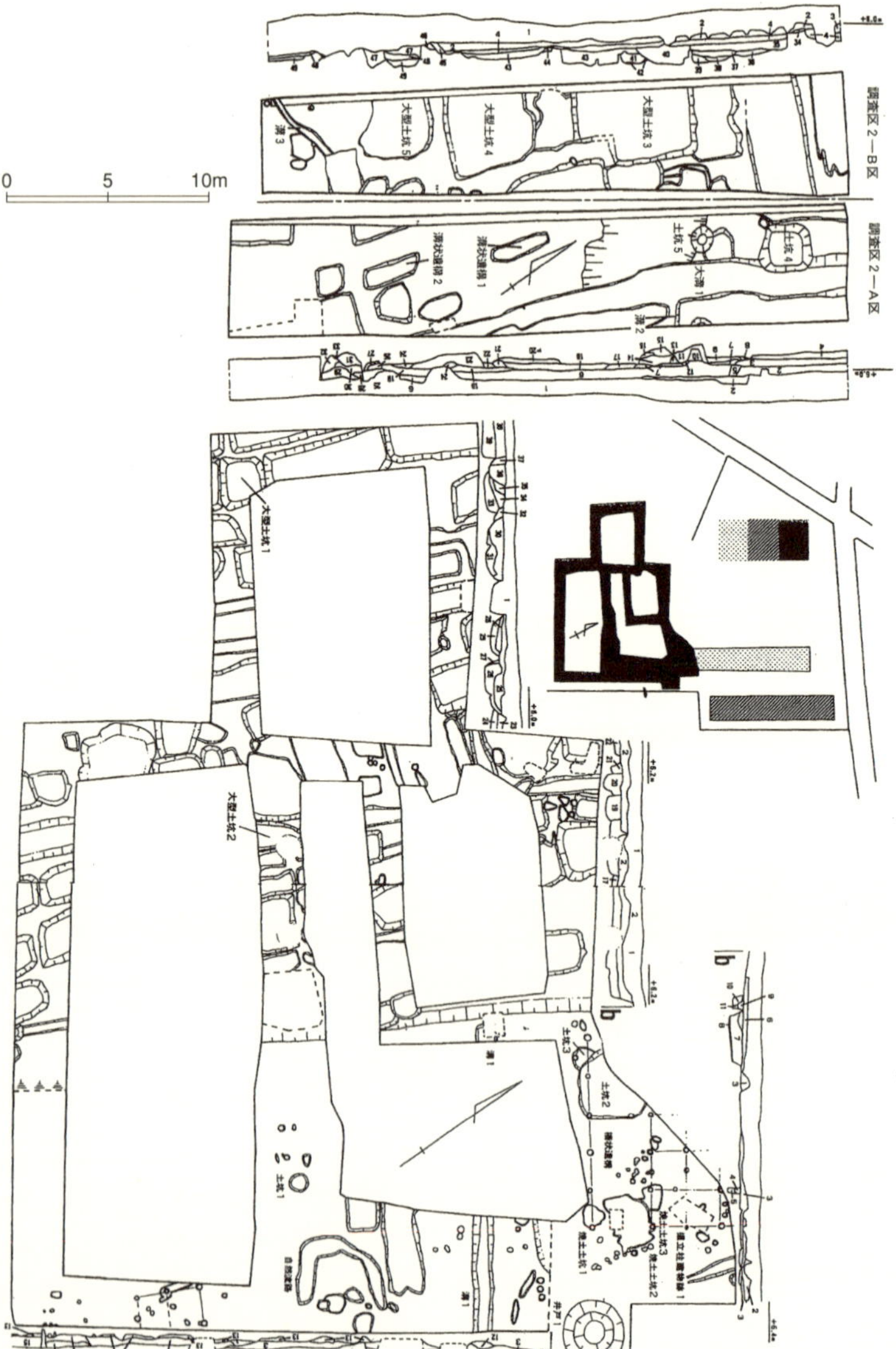

図68　森山遺跡　遺構平面図

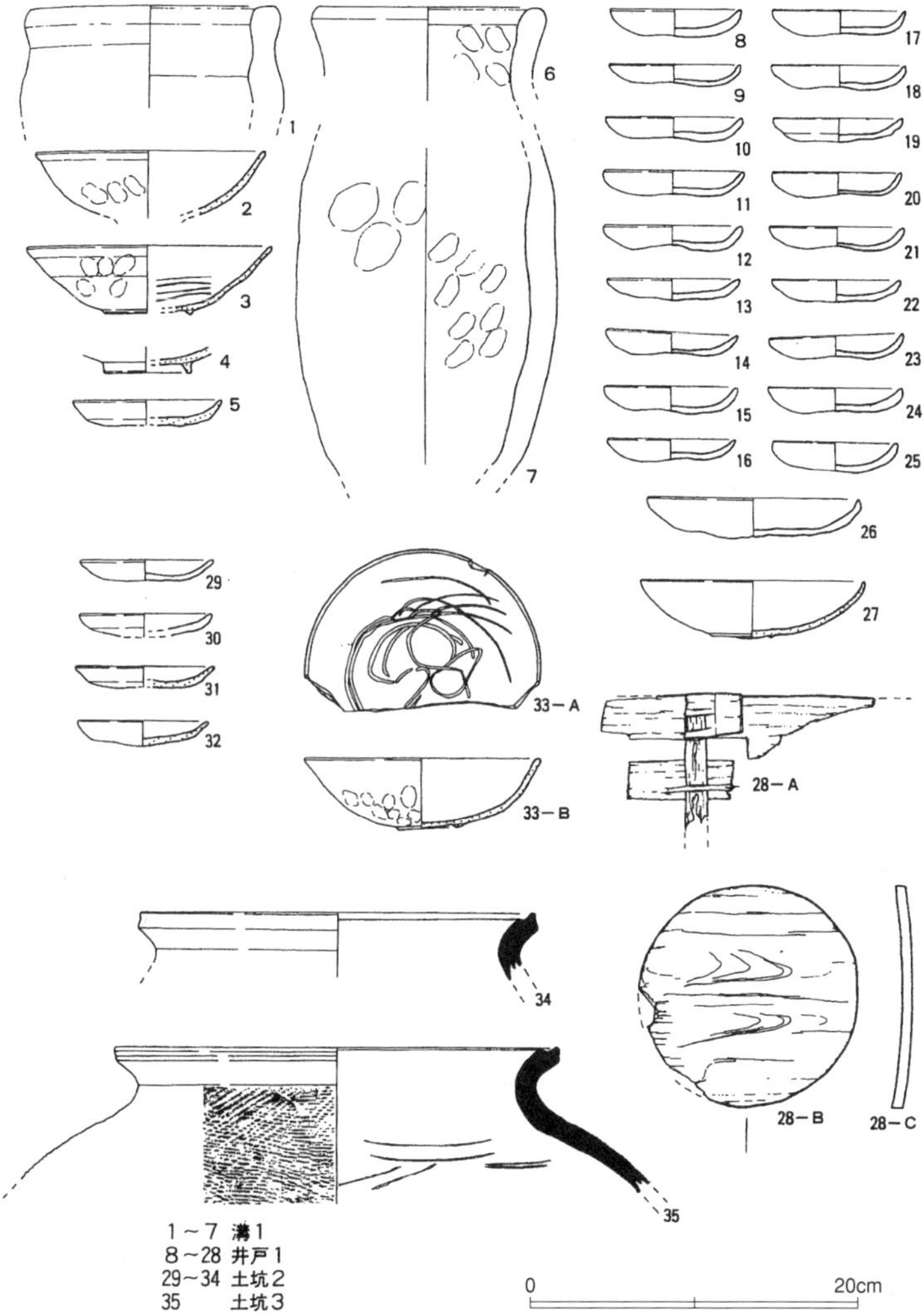

図69　森山遺跡　出土遺物

七・〇メートルの範囲で検出されるが、集落の間を貫くように、海浜部に沿いながら孝子越街道が南西方向へと延びている（図68）。

検出された遺構は、東西の方向に流れをもった幅一・〇メートル、深さ〇・二五メートルを測る溝一と、その北側には同方向で三間以上×二間以上の総柱による掘立柱建物などである。溝と掘立柱建物との間には、同じ方向に五間の柵がみられ、またその東側には径三・〇メートルを測る円形の井戸がともなっている。掘立柱建物の柱穴や井戸、あるいは溝から出土している瓦器椀など（図69）から、十四世紀前半から後半にかけて存続した集落であったことがわかる。建物、柵、溝は北側へ約三二度振った東西方向を示しており、この方向は現状地割りの制約を受けたものと思われるが、街道の存在が関連していたものと考えられ興味深い。

溝一は、その検出状況から建物などを画する役割が考えられ、画されたこの範囲は居住域であったと思われる。当然ではあるが、居住域は今回検出された掘立柱建物一棟のみで構成されたとは考え難く、調査範囲外にも建物数棟の展開が予測される。

検出された建物や溝方向が地割と同方向を示すことは、この近辺の地割形成が中世にまでさかのぼることを示唆しているものであり、街道沿いに発展してきた集落形成の様子がうかがえるものである。

（二）湊遺跡

湊遺跡で確認される集落遺跡は、「井原村」に含まれる。当遺跡の中世前期頃における集落遺構は、標高が一〇・五メートルから一一・〇メートルの範囲内で構築されている。

一九八七（昭和六十二）年度および一九九五

（平成七）年度に実施した調査では、溝ＳＤ○一が検出されている。溝ＳＤ○一は、東北から南西方向に緩やかに湾曲しながら南端で終息する。溝幅は一・四～一・六メートル、深さは○・四メートルを測り、断面は「Ｕ」字形を呈している。溝内に堆積する埋土は灰色のシルト層で、底面では、瓦器椀・皿、土師器小皿、土師質甕、東播系の須恵器甕など、日常雑器類が大量に出土している。このうち瓦器椀・皿、土師器皿は、大半がほぼ完形あるいはそれに近い状態で出土している（図70・71）。

図70　湊遺跡　遺物出土状況

　土器類の大量廃棄、堆積層の状況、あるいは途中で終息してしまっているといった様子から、溝には流水はなかったことがわかる。このことから、溝ＳＤ○一は、灌漑等を目的としたものではなく、集落域等を画することに関連した溝ではなかったかと考えられる。残念ながら建物等の遺構は検出しておらず、実態は明らかではないが、溝の形状から南東部が区画内であったと推測することは

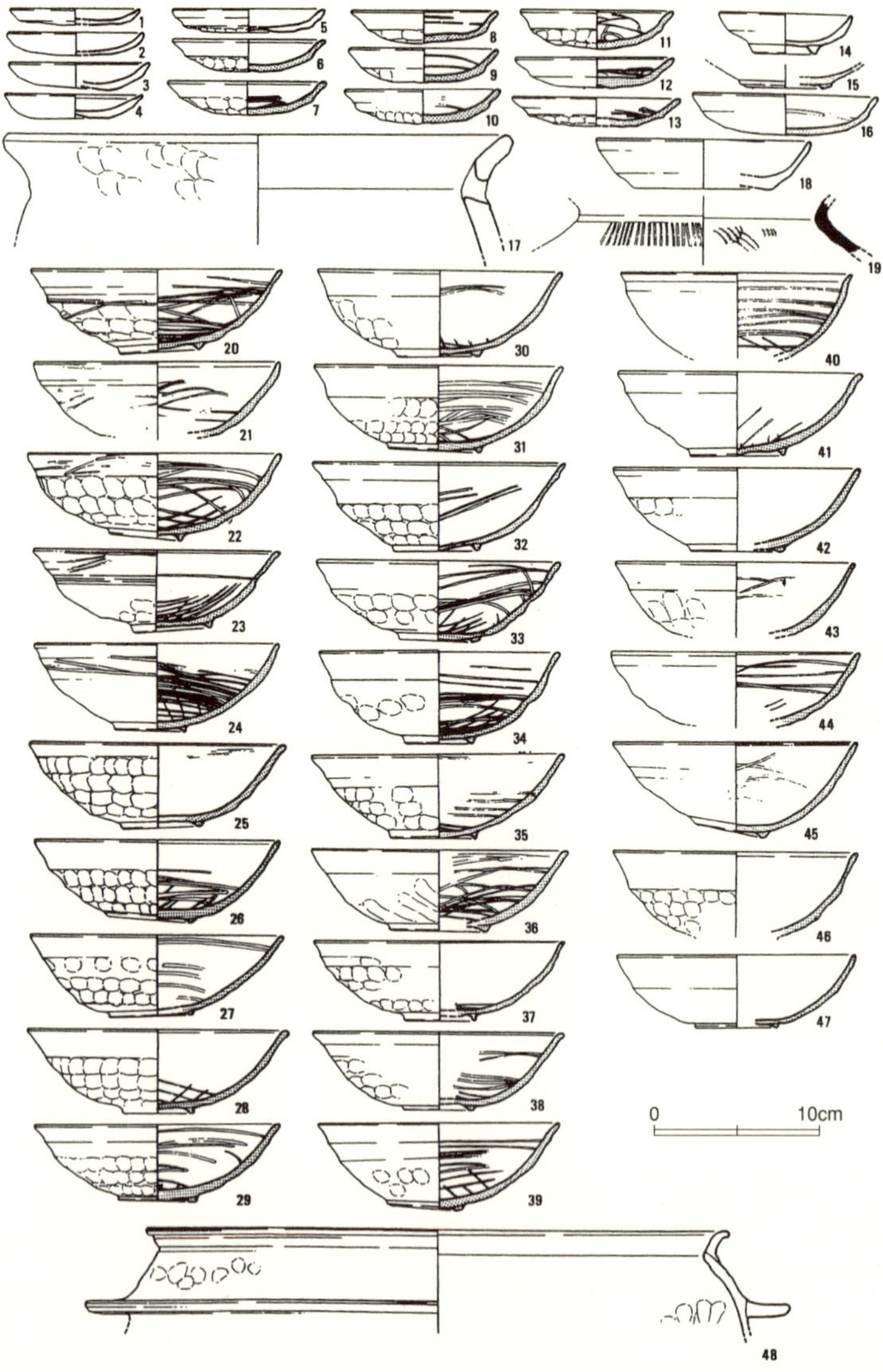

図71　湊遺跡　出土遺物実測図

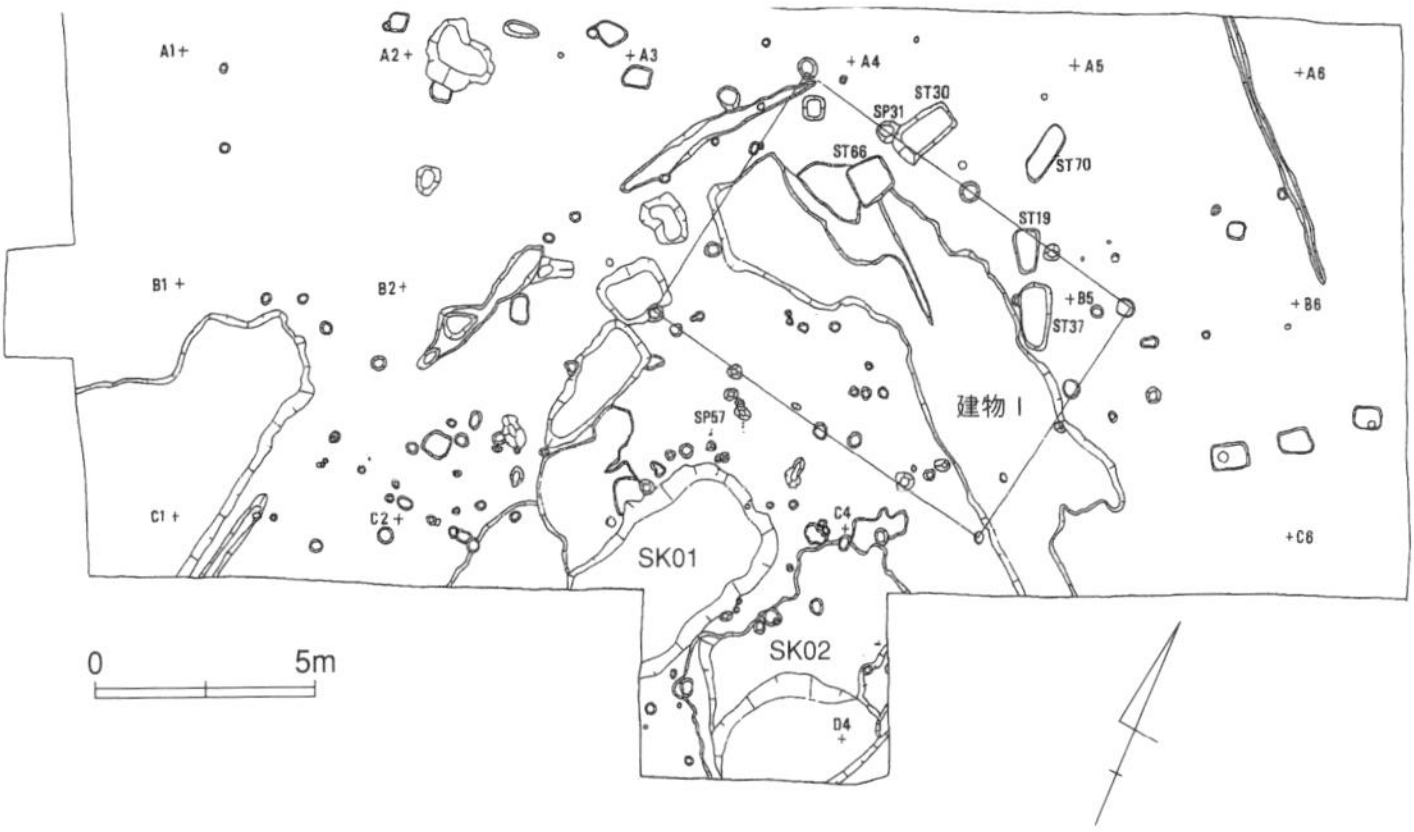

図72　湊遺跡　1992年度調査区遺構配置図

図73　SK02出土の烏帽子

できる。時代はやや降るが、同じ調査区では井戸が二基確認されていることから、この近辺に居住域が存在したことは十分に考えられる。

当調査区から一〇〇メートルほど東側の地点では、一九九二（平成四）年度に約四八〇平方メートルの面積で発掘調査を実施している。現地の状況は水田であったが、耕作土の下にある黄色の床土より下に中世の遺構面が存在する。この調査区からは、掘立柱建物、溝、土坑、土坑墓、溝、柱穴などが検出されている。柱間三間×四間の掘立柱建物一は、柱間が約一・五メートルを測る五四平方メートルの中型建物である。検出された建物はこの一棟のみであるため、集落構成の復元は困難であるが、ほぼ東西に軸方向をもつ建物にあわせたように、他の土坑なども南北方向を示している。建物一の柱穴からは、十三世紀後半の瓦器椀が検出されていることから、一九八七（昭和六十二）・一九九五（平成七）年度調査の溝ＳＤ〇一とは、ほぼ同時期に所属するものである（図72）。

土坑はＳＫ〇一・〇二の二基が東西に接するように検出されている。ＳＫ〇一は、長軸四・五メートル、短軸三・〇メートル、深さ〇・三メートルを測り、ＳＫ〇二は長軸五・二メートル、短軸四・八メートル、深さ〇・三メートルを測り、いずれも隅丸長方形のプランをもつ。両者ともにその周囲には小規模な柱穴を廻らせることから、覆い屋のあった半地下式の建物と推測される。堆積する埋土は灰茶褐色土で、十四世紀後半の瓦器椀、土師器皿・甕、瓦などが出土しているが、ＳＫ〇二からは烏帽子も出土している（図73）。二基の土坑は、その検出状況から作業場であったことが想定されるが、その内容を示す具体的な遺物の出土はない。

調査区の中央東よりでは、建物一と重なって、土坑墓五基が検出されている。ＳＴ三〇は、長さ一・四三メートル、幅〇・八メートルの長方形のプランで、南北方向に主軸をもつ。釘などの出土はないが、詳細な観察から木棺の使用が推測され、瓦器椀、土師器皿・杯、小刀などが副葬されている。この他、頭部と推測される付近では、漆皮膜が大量に散布していた。分析結果から、この皮膜は、土坑ＳＫ〇二で出土した烏帽子とほぼ同じ成分であったことが判明した。このことから被葬者は成人男性で、烏帽子着用のまま埋葬されたことが類推され、葬送方法などを知る上で興味深い。五基の土坑墓は狭い範囲に集中することや、建物とも重なることから、小規模な墓地であったことが想定される。副葬品などから与えられる時期は、十四世紀前半頃である（図74）。

　古代集落が顕著に検出される海岸部近辺からは、中世中頃以降の集落に関連した遺構が数多く検出される。

　一九八四（昭和五十九）年度に実施された発掘調査は、周知された遺跡の範囲では東北端にあたり、佐野川左岸沿いの段丘上に位置している。当調査区の北側を流れる佐野川に向かって急峻な段丘崖となり、その比高差は約二・〇メートルである。

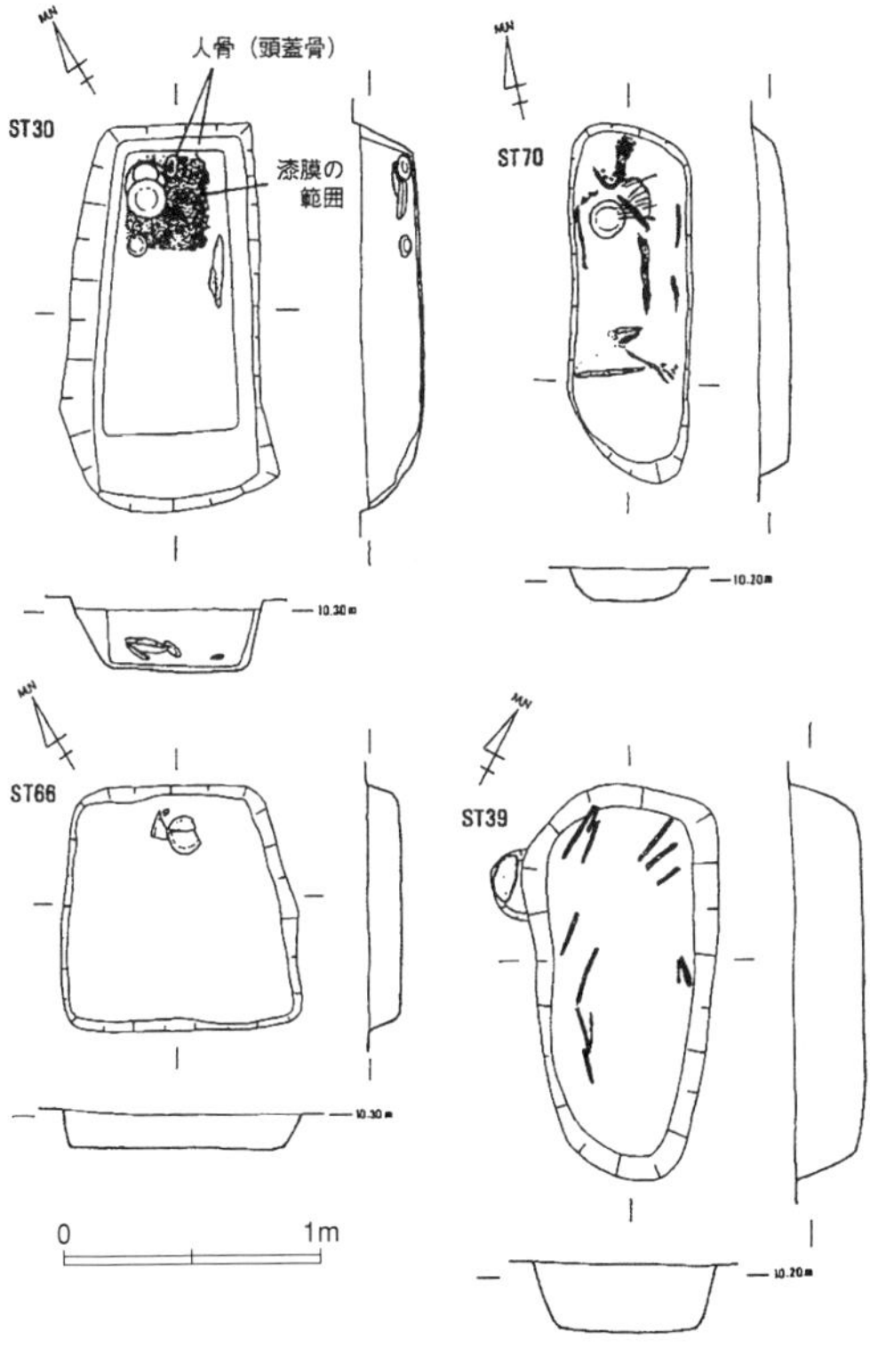

図74　湊遺跡　土坑墓平面・断面図

　遺構が検出される標高面は約七・〇メートルの地点で、十四世紀中頃から後半にかけての掘立柱建物七棟、柵列が一条、土坑四基が確認されている。建物の重複はほとんどみられず、存続期間が比較的短い集落である。建物は、東西方向に同一の軸をもっているが、そのまとまりから二つ以上の建物群で構成されることがわかる（図75）。

　これらの建物群は現在のところ、SB〇一からSB〇四の四棟

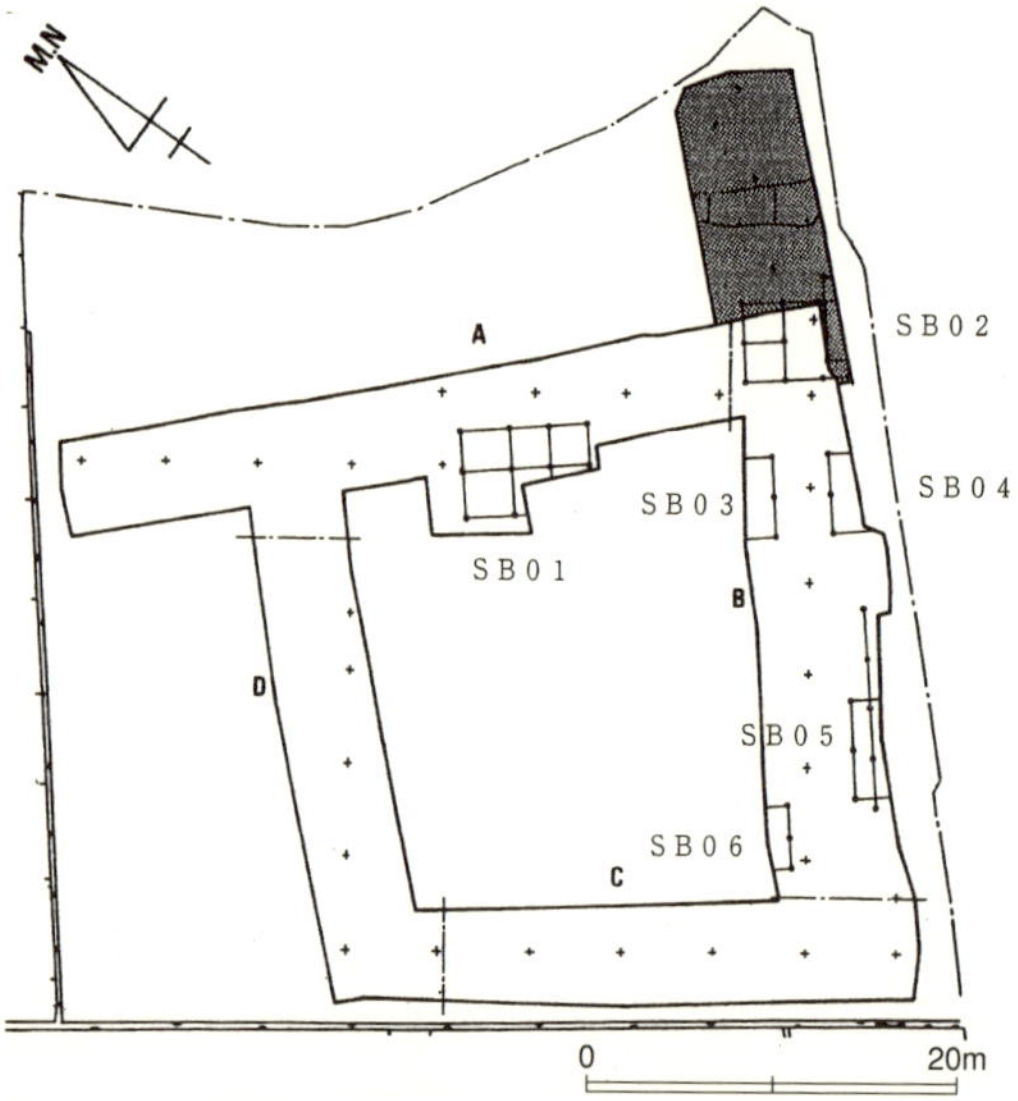

図75　湊遺跡　1984年度調査区

で構成されるA群と、SB〇五と〇六の二棟で構成されるB群とに分けられている。A群で重なるSB〇二と〇七は建替えと考えられる。

A群は、三間×二間（三〇・六平方メートル）の総柱建物〇一と、二間×二間以上の身舎に北庇を付けた屋〇二（二〇平方メートル以上）と、それぞれ東西に二間（四・一メートル）、南北に二間以上の小規模な屋の四棟が併存する。

B群は、東西に二間（五・五メートル）、南北に二間以上の主屋と類推される建物〇五と、東西に二間（三・四メートル）の〇六からなる。建物群の北西側には遺構の検出されない空白地帯が広がることから、あるいは畠地であったことも考えられよう。

柵列SA〇一は、A群の建物群と同じ軸方向を示すが、関連する建物群等は明らかとなっていない。現在のところ、両建物群を意識的に画する溝などの施設は確認されておらず、両群の間のわずかな空間地によって、屋敷地を分離する。

AB両群の間で円形土坑SK〇一（図76）が、全体の四分の三ほど検出されている。直径は三・〇から三・五メートルで、深さは〇・六メートルを測る。内部からは土師器、須恵器、瓦器椀などが出土する

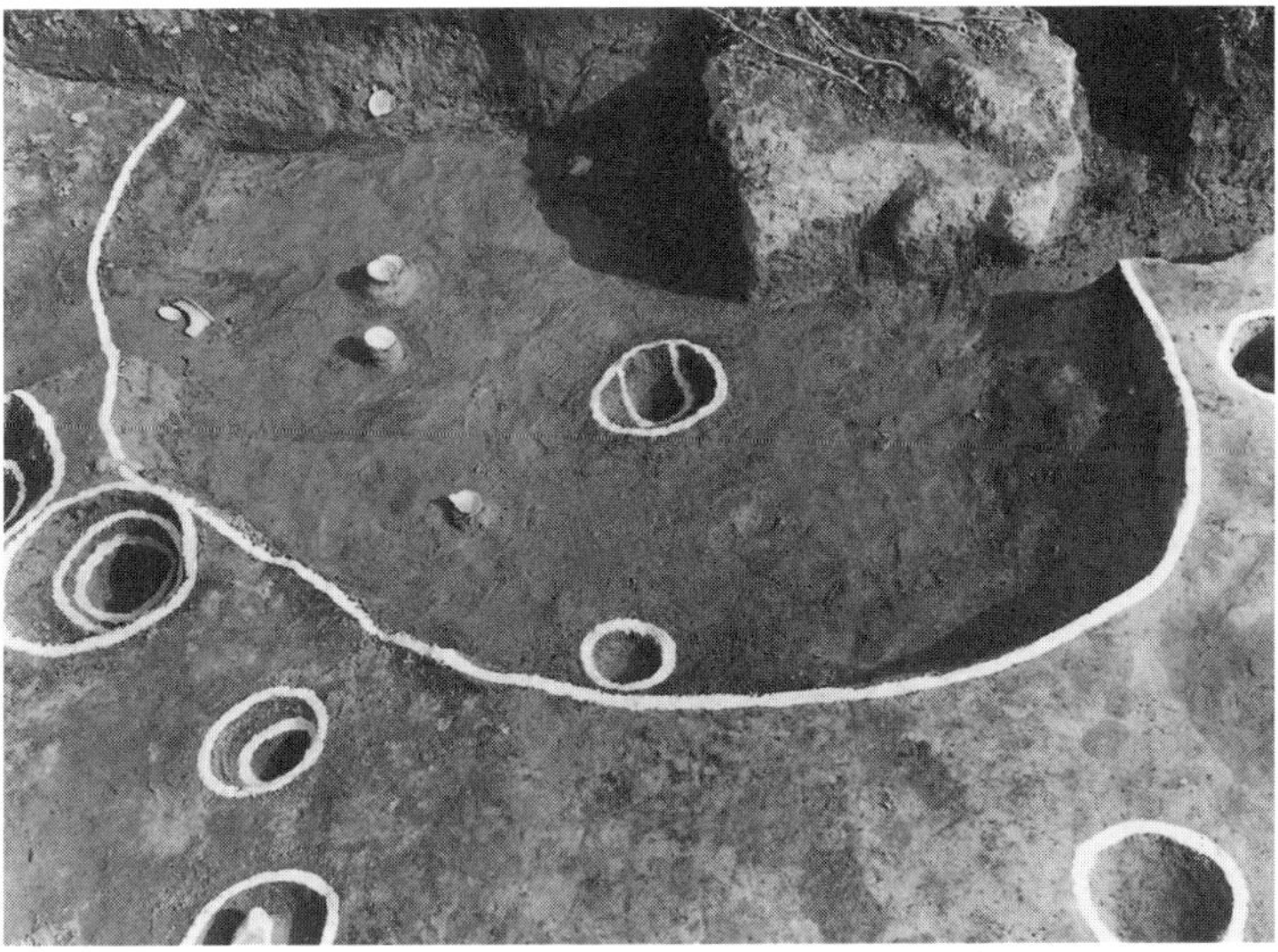

図76　SK01

（図77）。なかでも土師器の皿（一三点）、小皿（三点）はよく水簸された白色系土師器で、すべて完形品であった。土坑内を廻るように配置しており、この土坑が祭祀に関連した施設であったことが推測される。

白色系土師器は、京都あるいは紀伊から搬入されたものとされるが、泉州地方では泉佐野市以外での出土例は非常に稀である。大木遺跡の長福寺跡の井戸からは、底部を穿孔した白色系土師器の小皿が出土しており、やはり祭祀に関連した用途がうかがわれる。

（三）上町東遺跡

上町東遺跡は、鎌倉時代中頃から南北朝時代後半を中心とした集落遺跡で、湊遺跡の西側部分に走る谷状地形をのぞむ中位段丘面上に立地し、湊遺跡同様井原村に含まれる。

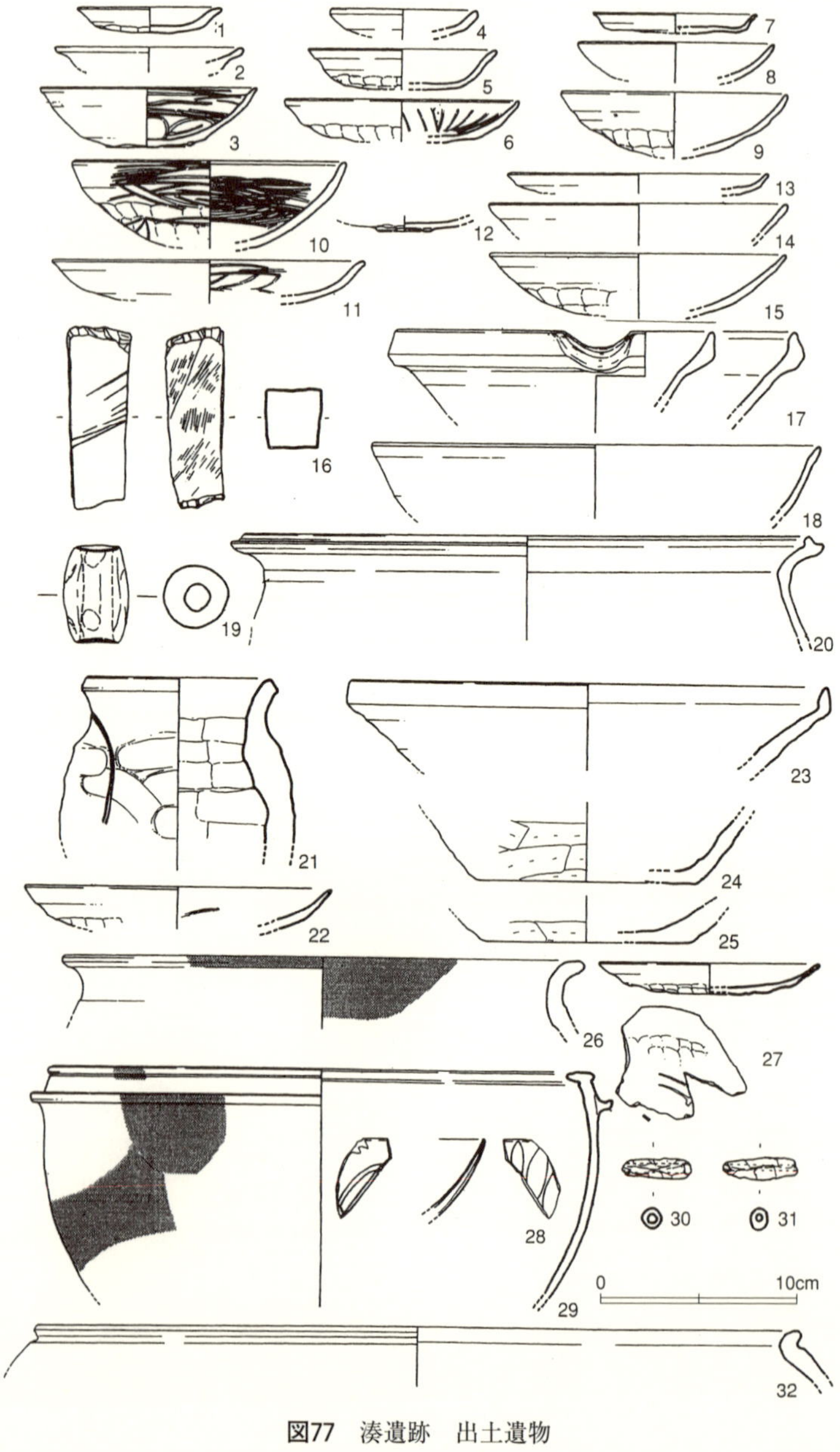
1
2
3
4
5
6
7
8
9
10
11
12
13
14
15
16
17
18
19
20
21
22
23
24
25
26
27
28
29
30
31
32
0
10cm

図77　湊遺跡　出土遺物

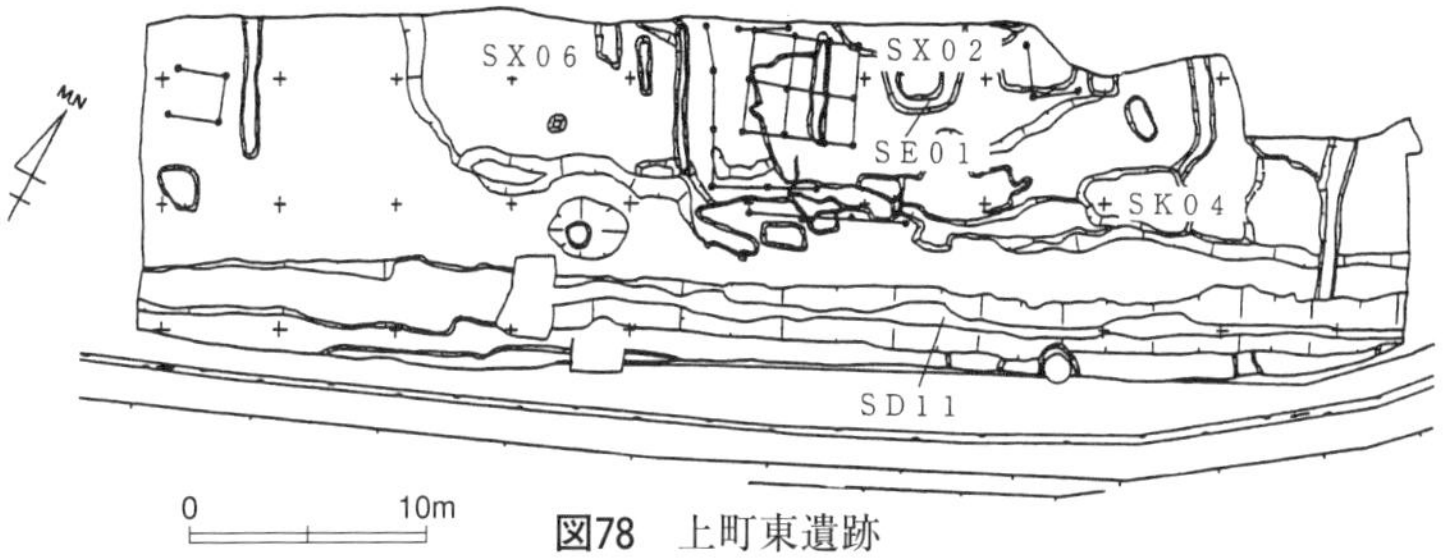

図78　上町東遺跡

遺構面は標高一〇・〇メートル前後で検出されており、湊遺跡で検出された標高とほぼ同じである。当遺跡の位置する地域は南海本線泉佐野駅近辺であり、その利便性から市街化がすでにかなり進行していた。そのため、工場の建て替えを原因としておこなわれた一九八八（昭和六十三）年度の発掘調査時に新たに発見された集落遺跡である（図78）。

本格的な調査の実施は、遺跡をほぼ横断する南海本線連続立体交差事業（以下、連立事業とする）が計画された折にその機会が訪れた。鉄道の軌道に沿って東北から西南方向に細長い調査区が設定されたため、上町東遺跡の東西範囲が確認でき、集落様相の一部をつかむことができるようになってきた。

これまでの調査では、掘立柱建物は総数一一棟が検出されているが、いずれもほぼ同一方向の配列を示すことから、計画的建物配置にもとづいて集落が形成されていったことがわかる。また、多数の井戸や柵列、溝なども検出されるが、これらが建物に付随することで居住域としていたこともうかがえる。

遺跡発見の契機となった一九八八（昭和六十三）年度調査区では、掘立柱建物、溝、井戸、土坑などが検出されている。溝ＳＤ一一は、長さ五五・〇メートル以上のほぼ東西に真っすぐ延びる溝で、幅二・〇メートルから二・五メートル、深さ〇・三メートルを測る。

溝内の堆積層はシルトあるいは粘土であり、土器類の出土も大量に確認できることから流水が常時あったとは考えられない。集落に関連した溝と推測される。

溝ＳＤ一一の北側約四・〇《メートル》では、やや高まりをもった地点が東西に二〇・〇《メートル》、南北に八・〇《メートル》以上の範囲で存在する。ここでは三間×二間以上の総柱の掘立柱建物一棟とそれに付属して井戸や柵列が検出され、居住域を形成しているが、建物は調査区外の北側に存在しているのであろう。柵は建物の西側および南側を囲んでいるが、南側の柵は併行して二条確認されている。柵の南側で幅〇・五《メートル》ほどの浅い溝ＳＤ〇七が南北方向に一条延びているが、これ以外に居住域を囲む施設は判然としない。

井戸ＳＥ〇一は、縦板横桟支柱によるもので、内部からは瓦器椀・皿、土師器皿とともに、大量の曲げ物や櫛の未成品が出土している。居住域の年代は、これら出土する瓦器椀や土師器などから十四世紀前半頃に帰属するものであるが、未調査となっている北側でも掘立柱建物が存在していた可能性が予測されることから、当区画は数棟の建物によって構成された居住地域であったことが考えられる。

井戸から出土した櫛の未成品である木片は、この居住域で櫛が製作されていたことを示すとともに、櫛職人が居住していたことを指摘するものである（図79）。

居住域の西側には、東西一二・〇《メートル》の範囲に、約一・五《メートル》落ち込むＳＸ〇六が広がる。ＳＸ〇六よりさらに西側には、溝あるいは柱穴（杭穴）が点在するが、明確な遺構は確認されていない。田あるいは畠地であったことも考えられるが、小規模なものである。また、溝ＳＤ一一の北側には、

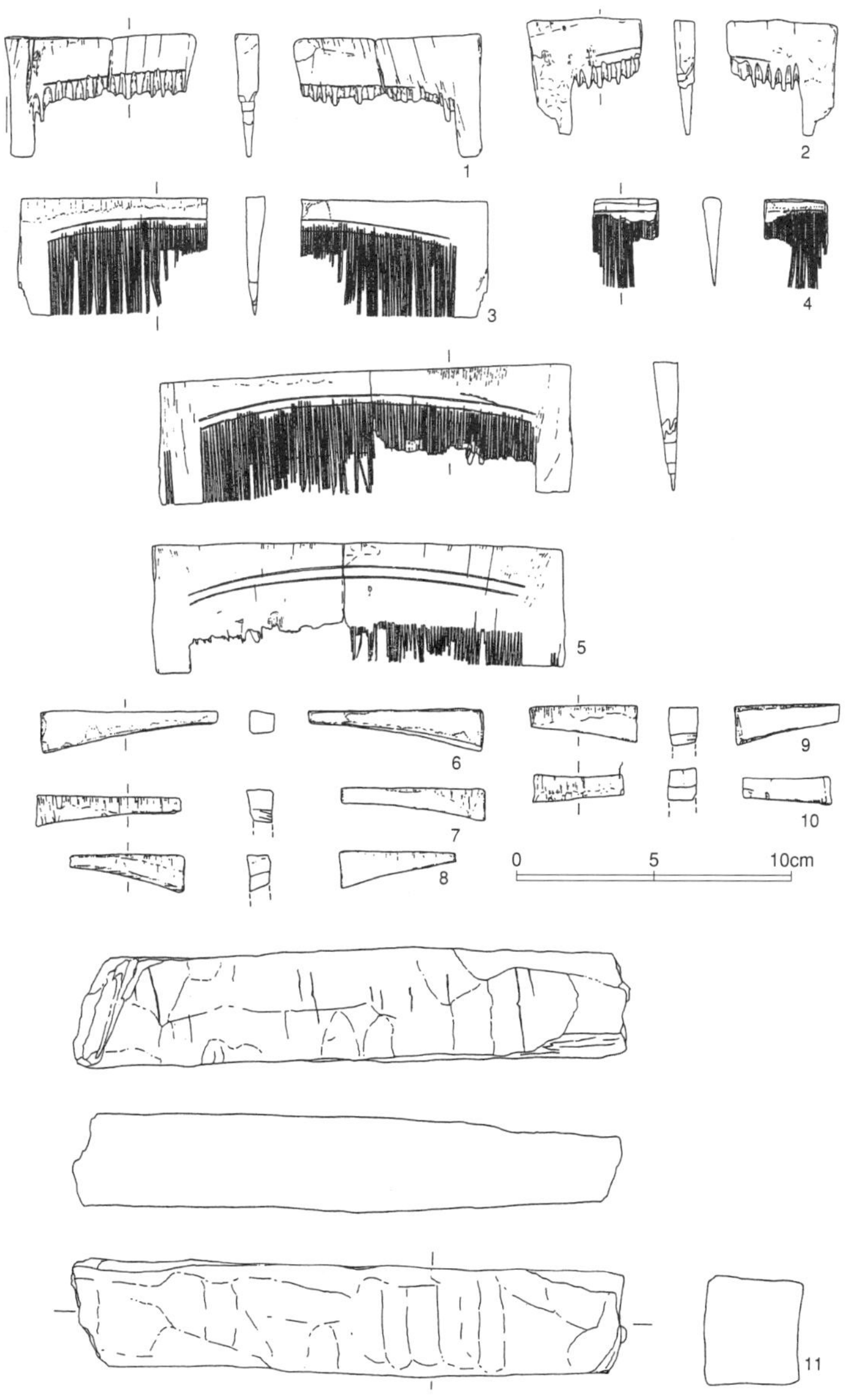

図79　井戸出土遺物

幅二・五メートルの空間地が東西に併行して延び、通路の可能性がある。

　上町東遺跡では、別の調査地点でも櫛の未成品が出土する井戸が検出されており、当集落には櫛の製作を生業とする職人集団が常住していたことが推測される。櫛のほか、検出される土坑や溝などからは、鉄滓、坩堝、ふいご羽口などの鍛冶職に関連する遺物も多く出土しているが、このことは鋳造業のおこなわれていたことを示唆する。

　連立事業による調査では、掘立柱建物が同方向に九棟検出されているが、それらが展開する範囲は段丘面の南西にある円田川によって形成された開析谷までの約五〇〇メートルまでである。掘立柱建物の大半は総柱建物で、五五平方メートルあるいは四〇平方メートルの主屋に、二〇～三〇平方メートルの屋もしくは一〇平方メートル前後の倉を付属屋として建物群を構成する。調査区幅が狭く、確実なものではないが、五～六の建物群が存在し、それぞれ居住域をもつことが推測される。建物群は、出土遺物から十三世紀後半～十四世紀前半に属するものである（図80）。

　建物群を明らかに囲むような施設は検出されていないが、建物に併行した溝あるいは柵列が数条検出されていることから、これらで各居住域を画していたのかもしれない。建物群の空間地には、土坑墓が単独に三基検出されたが、二基の土坑墓には完形の白磁碗が副葬されていた。おそらく建物群にともなう屋敷墓であった可能性が高い。

　このように上町東遺跡の集落は、主屋建物はすべて四〇～五五平方メートル前後の板床張りの建物と、それに小型の建物が一～二棟付随する居住域が集まり形成される。また居住域の集約状況は、集村化の傾向を示しているが、ほぼ同一方向の軸を示す建物および溝などは、佐野川左岸域に復元した

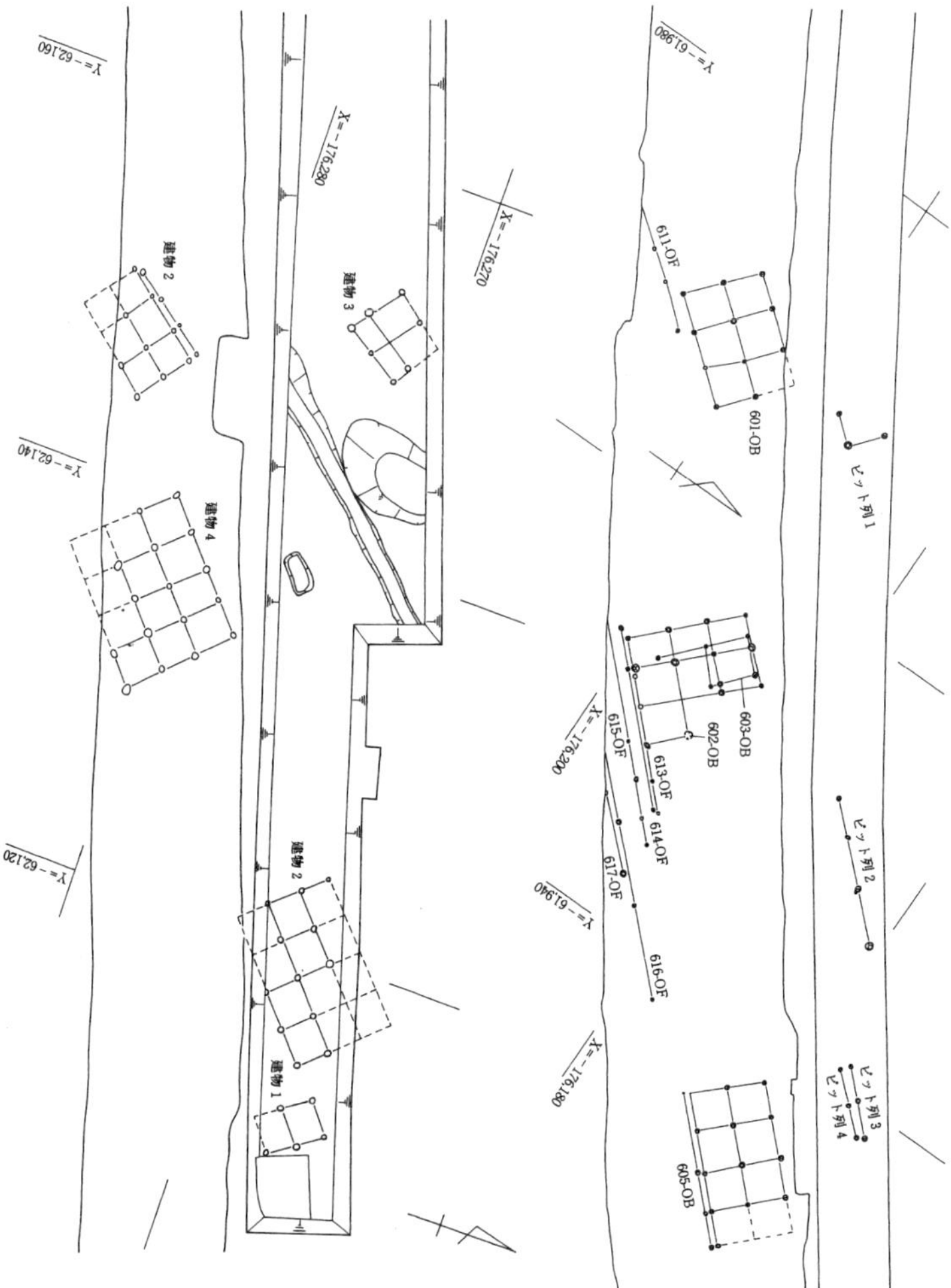

F地区・1996年度市教委調査96－5区
掘立柱建物模式図

D－2地区・1993年度センター調査区
掘立柱建物模式図

図80　上野東遺跡遺構平面図

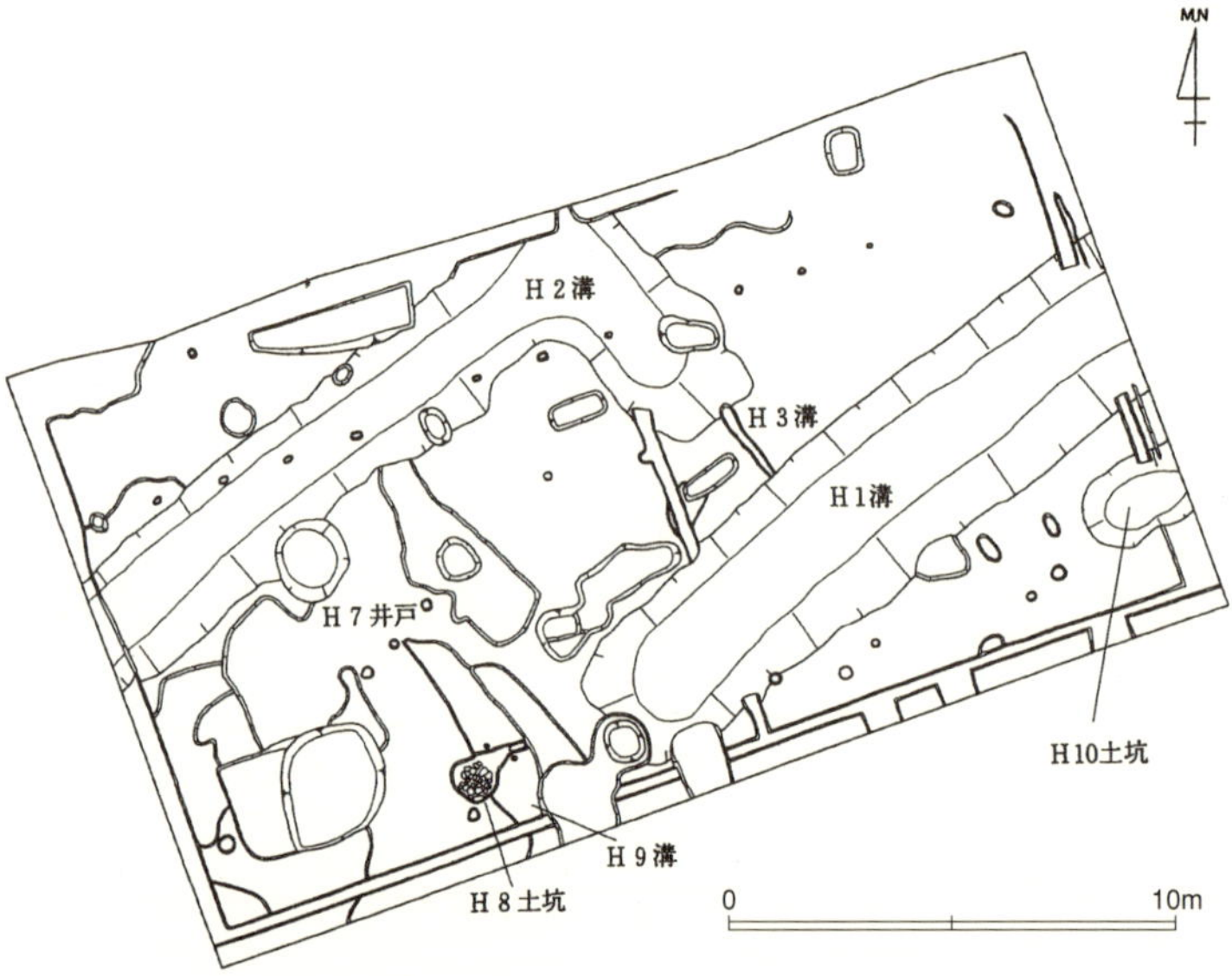

図81　若宮遺跡　H2調査区平面図

条里地割とほぼ同じ方向を示すことから、計画的な集落形成が推測される。また全般に遺構の密集度は高く、空白地の広がりはほとんどないことから、規模のまとまった田畠が存在した様子はない。

このように当遺跡では、鎌倉時代の集落の範囲、建物配置、生活や生業関連遺物などが明らかとなるにつれ、一般の農民集落とは異なる、職人・商人などの集落的な特質が顕在化しつつある。

（四）若宮遺跡

若宮遺跡は、円田川左岸部に広がる中位段丘面上に位置する。近世期に発展を遂げた「佐野の町場」内に所在することから、当初は近世期の集落遺跡として広く周知されていたが、連立事業に先立つ発掘調査などから鎌倉時代にまでさかのぼる

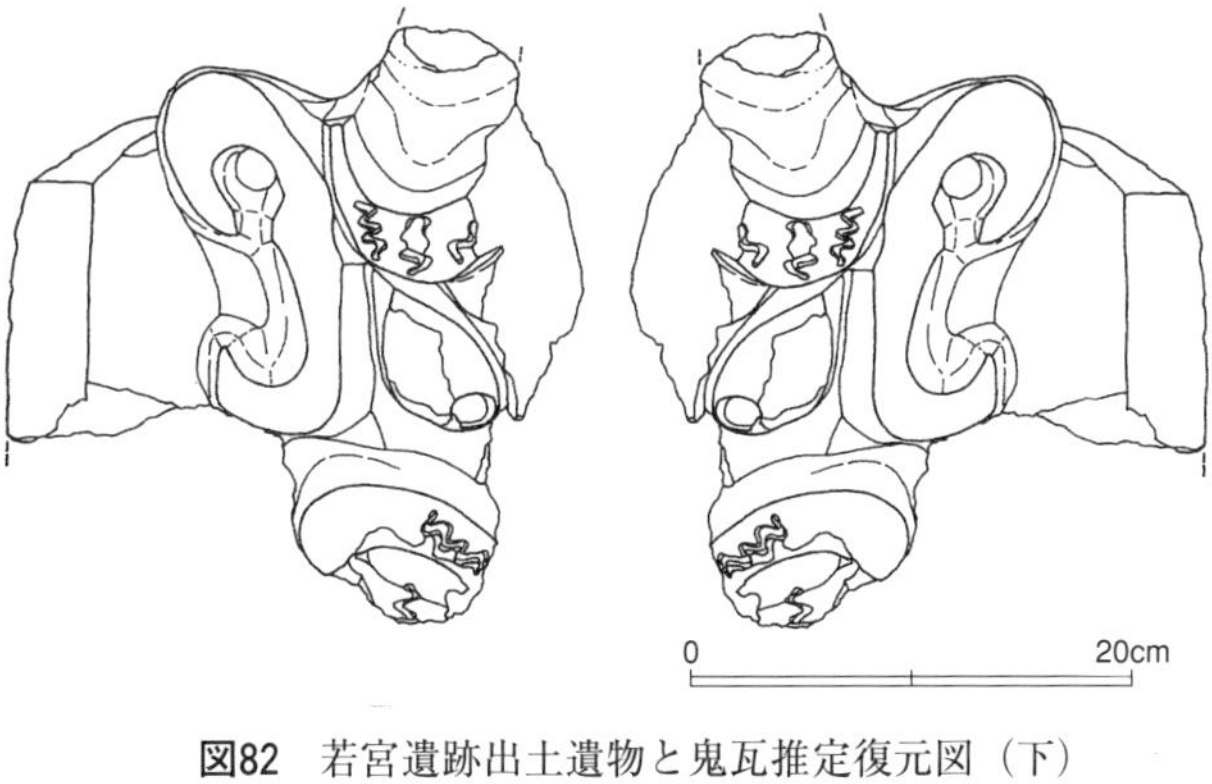

図82　若宮遺跡出土遺物と鬼瓦推定復元図（下）

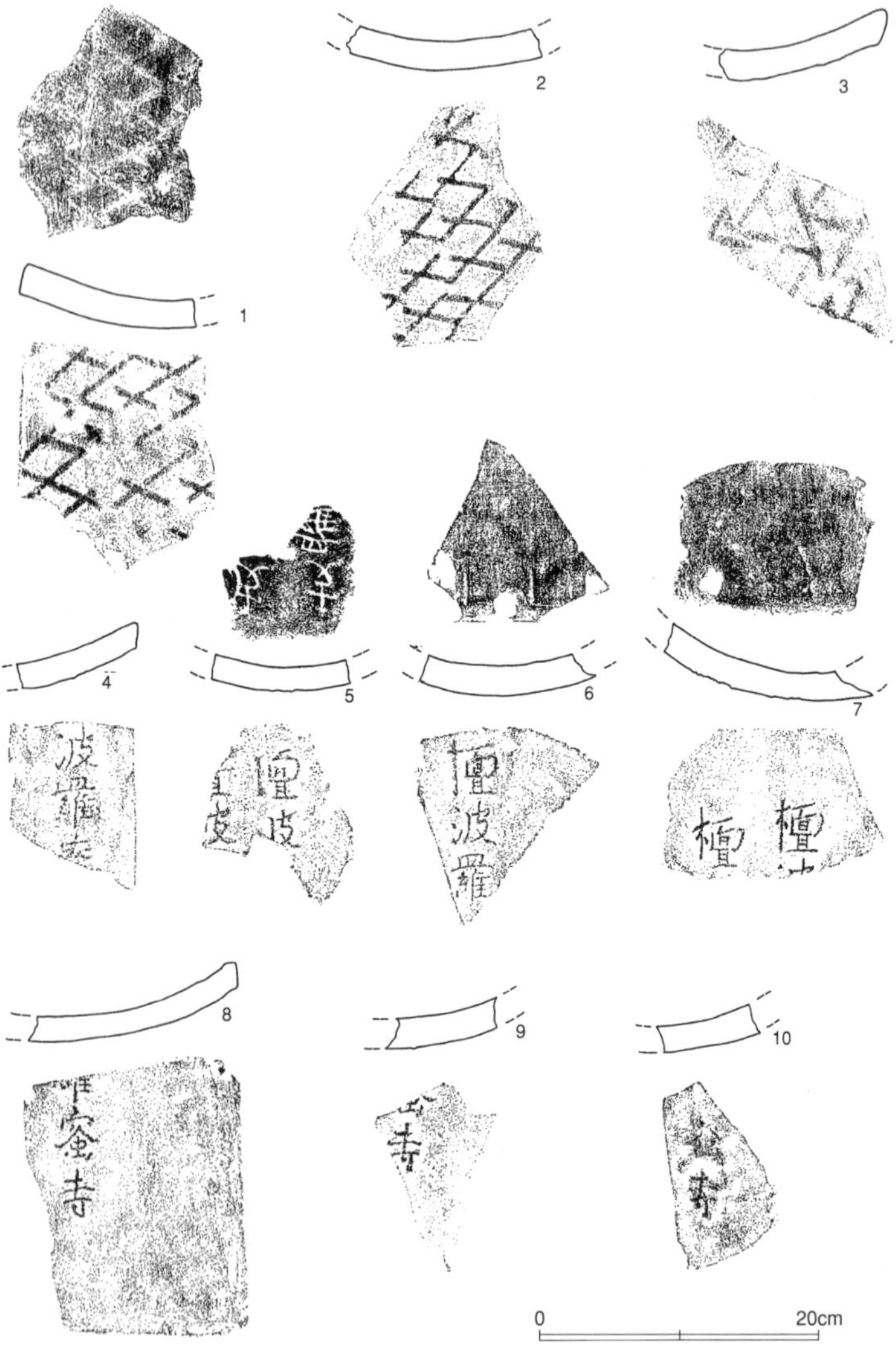

図83　若宮遺跡出土遺物

集落の存在が確認されてきた。「佐野の町場」の前身となる中世集落の具体的な様子を示す遺跡として注目されている。

これまでの調査によって明らかとなってきた中世の遺構は、主として井戸、土坑、溝、池跡、通路等である（図81）。溝はL字状に曲がり、方形に廻っている様子がうかがえることから、区画溝と考えられる。区画内では建物等に関する遺構は確認されていないが、溝は焼土や大量の瓦が人為的に埋められていることから、区画内には焼失してしまったが、建物が存在したことは明らかであろう。また、出土瓦には丸瓦、平瓦のほか、軒瓦、鬼瓦、道具瓦なども多量に確認され、建物が寺院であったことを示唆している。

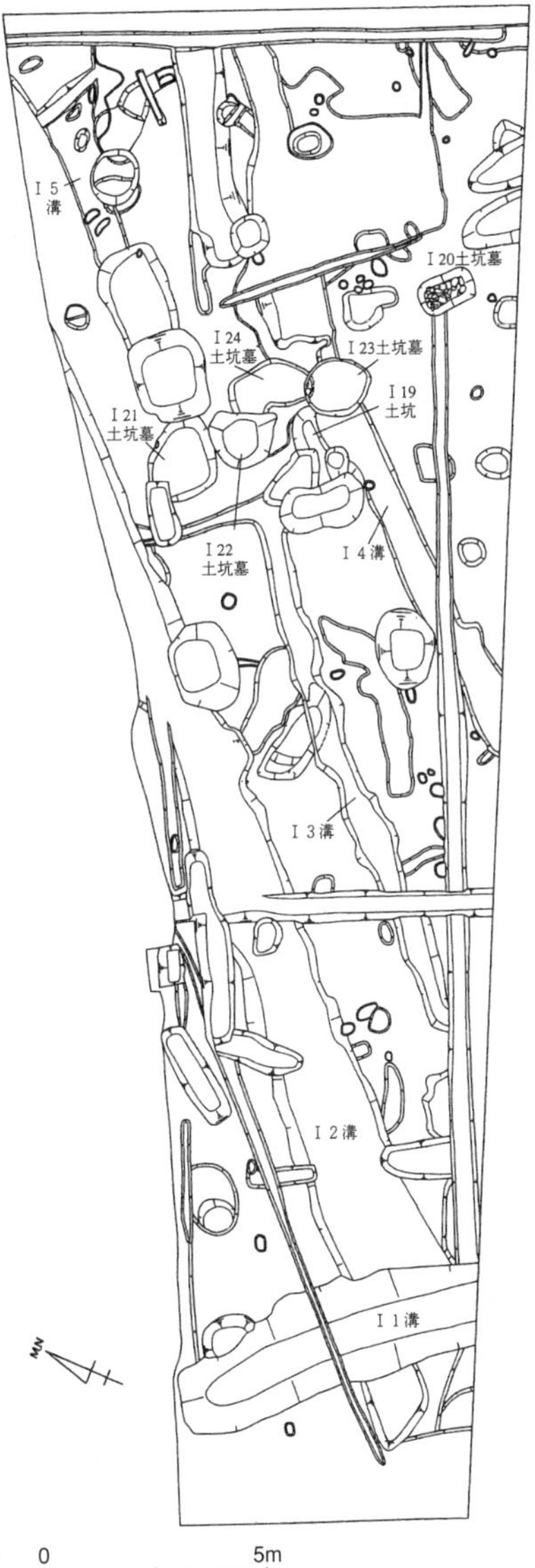

図84　若宮遺跡　I3調査区平面図

出土瓦のなかには、凸面に「檀波羅蜜寺」と刻まれた平瓦も存在していることから、檀波羅密寺との関連が指摘されているが、現在までの調査では、瓦以外には明らかとなっていない（図82・83）。

また、通路状遺構に併行して、ほぼ等間隔に配置された円形および長方形のプランをもつ土坑墓群からなる墓地が検出されている。検出状況からみてこの墓地は、座棺と考えられる円形プランの墓を主体に形成されているようである。各遺構が所属している主要時期は、出土遺物から十四世紀後半から十五世紀代にかけてである（図84）。

（五）上町遺跡

南海本線泉佐野駅東南側に広がる現在の高松東、上町に所在している。当地は中位段丘面の先端に位置しており、十四世紀に出現し、十五世紀に繁栄を迎えた集落遺跡である。若宮遺跡と同様佐野郷に含まれるが、その東南には国道二六号線と併行して熊野大道が延びている。戦国時代、この街道沿いでは毎月二と七のつく日に市が開かれ、「佐野之市」とよばれていたようである。上町遺跡の東南に隣接して所在する市場西遺跡が、佐野乃市の開かれた地点とする意見もあるが、明らかとはなっていない。

上町遺跡の所在が確認されたのは古いことではなく、一九八七（昭和六十二）年度の泉佐野駅上地区再開発事業を受けて実施された試掘調査が契機となっている。この試掘調査結果によって、一九八八（昭和六十三）～一九九三（平成五）年度までの六カ年にかけて、調査面積約一万五〇〇〇平方㍍を対象に本格的な発掘調査が実施されることとなった。調査の結果、十五世紀前後の溝によって四方が囲まれた方形区画が約二五区画確認

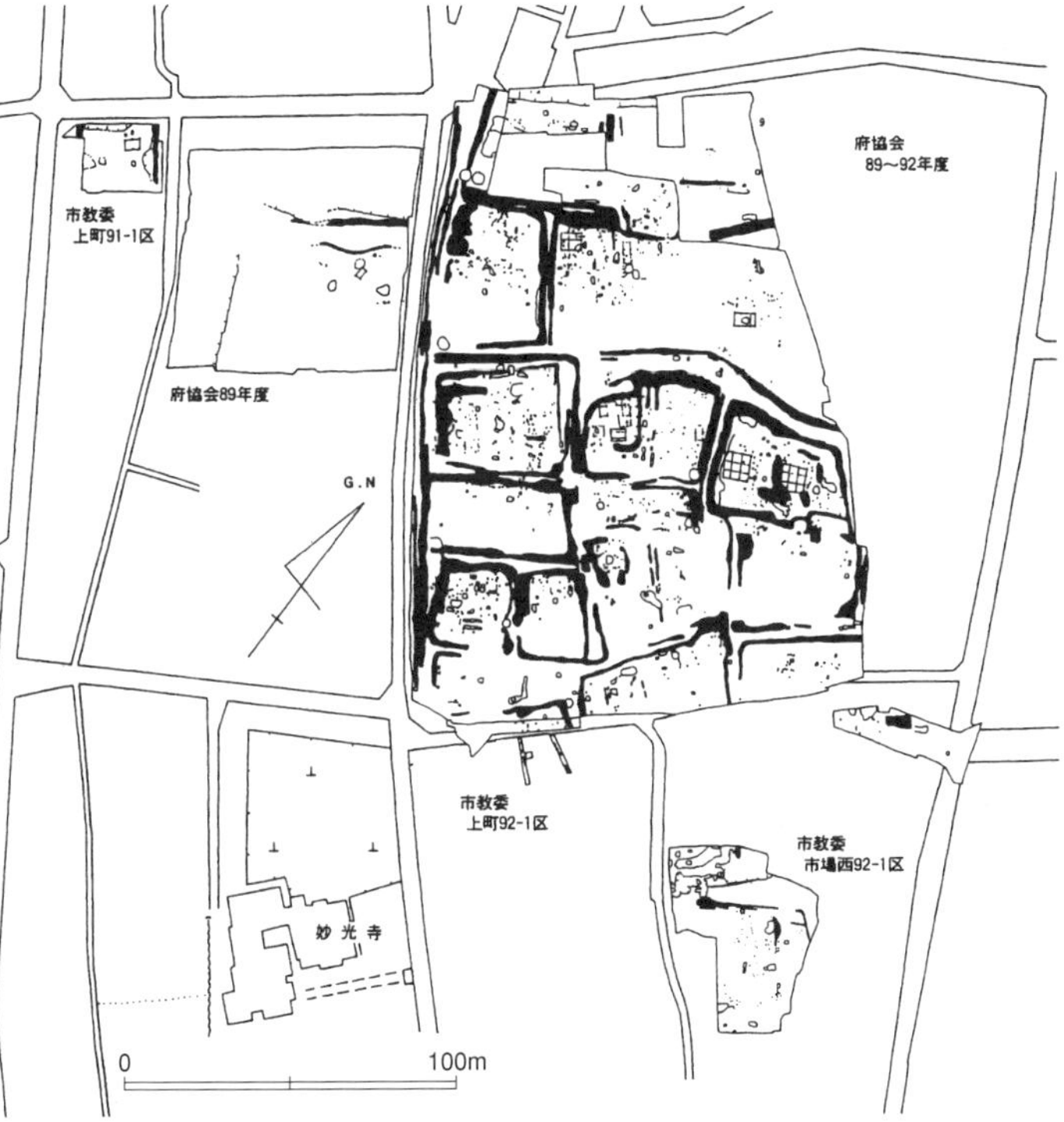

図85　上町遺跡遺構配置図

された（図85）。

この区画内からは、掘立柱建物、井戸、土坑墓などの他、瓦質・土師質の土器類や陶磁器類、瓦などが多量に出土していることから、区画内部は屋敷地であったことが確認されている。全体として屋敷地の区画溝は浅いものであるが、この区画溝と井戸を共有して屋敷地としているものや、井戸は共有せず溝のみを共有して屋敷地を構成しているものなどがある。このことから検証すると、屋敷地面積は四〇〇～一八五〇平方メートルを測っているが、平均すると約一〇〇〇平方メートルの正方形もしくは長方形の平面を有している。

区画内で確認された掘立柱建物

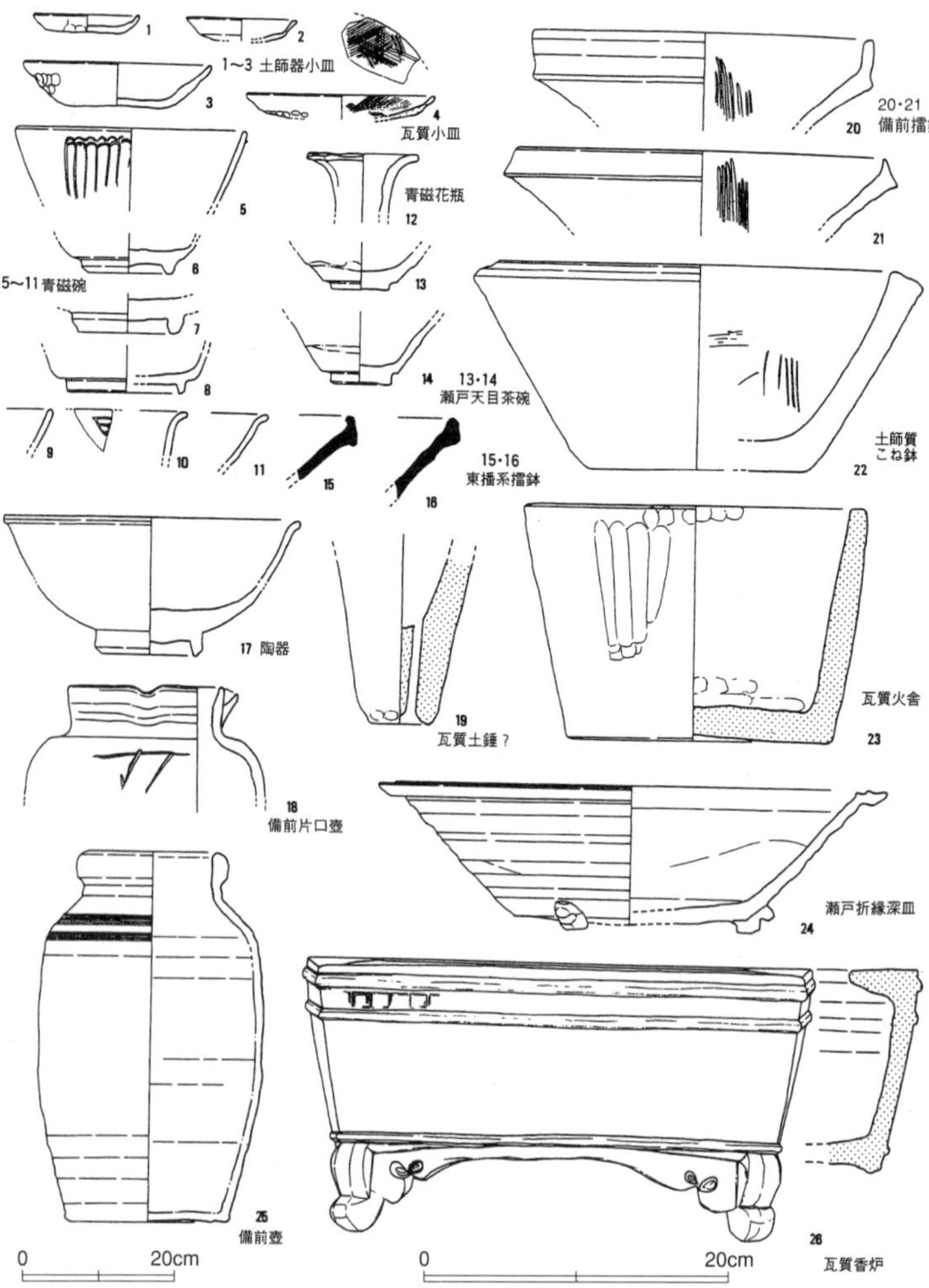

図86　上町遺跡出土遺物（1）

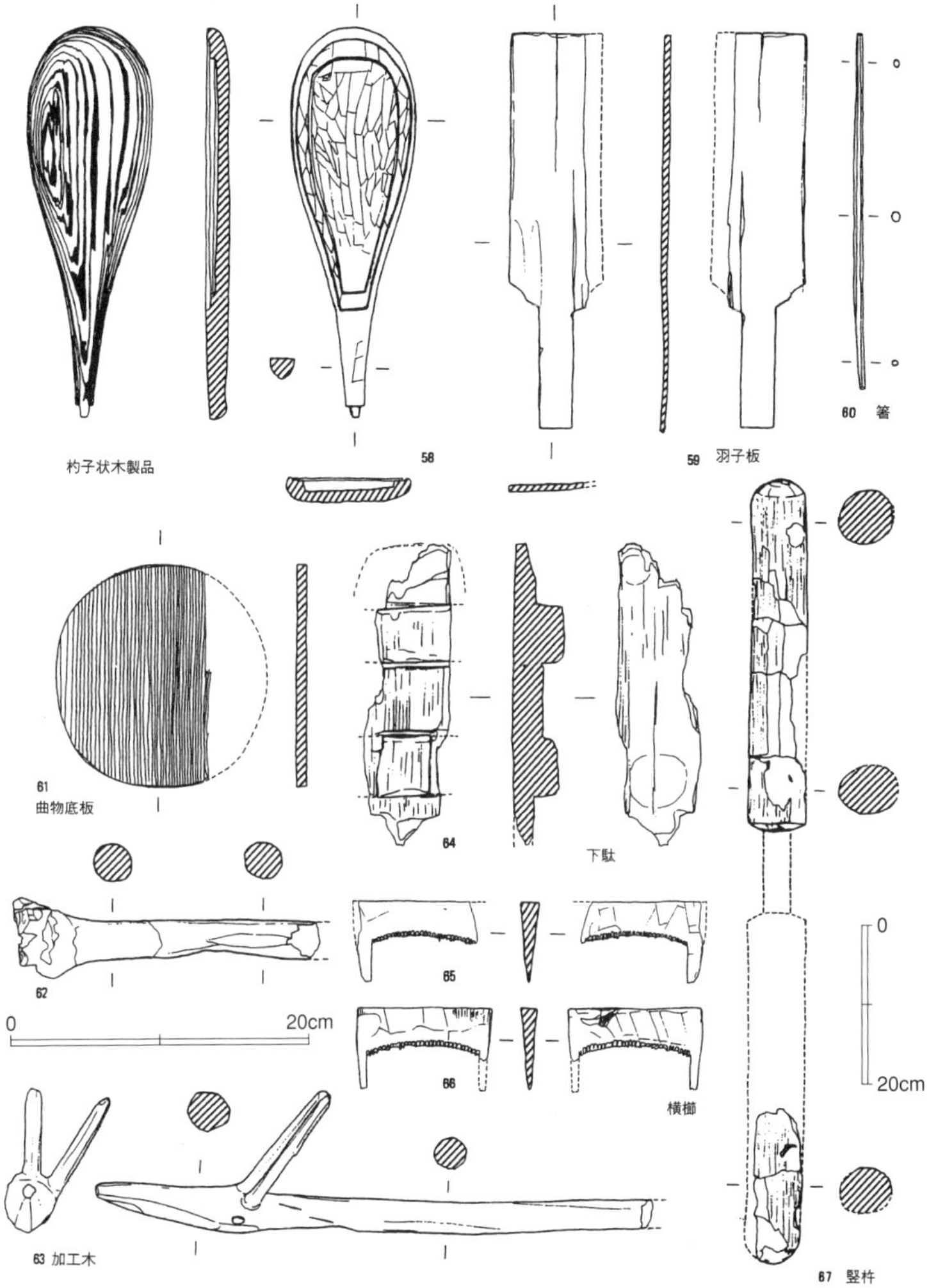

図87　上町遺跡出土遺物（2）

は、全部で二〇数棟を数えたが、柱穴の深さは約五～三〇センチで概して浅いものである。しかし区画内で柱穴の検出が確認されることはきわめて少なく、その大半は検出の確認がまったくできていない。こうした現状は、当集落を構成していた各戸の建物が、すでに礎石建物へと移行していた可能性を示唆するものであろうか。

当集落では、住居となる建物以外に祭祀が執りおこなわれたことを示す土坑や墓地なども検出され、中世後半の集落形態の様子を良好に示している。

また、出土瓦には「檀波羅密（寺）」、「西方寺」、「八田寺」などの刻印瓦のほか、大木遺跡の「長福寺跡」や中大木に現存する西光寺三間堂の瓦と同笵のものが確認されていることから、この時期に日根荘周辺で活動していた瓦工集団は当集落を拠点にしていた可能性もうかがえる。このほか、米の荷札や櫛の未成品などの出土から、商人・職人などが当集落に居住していたことがうかがえる（図86）。

また、出土遺物には毬杖・毬あるいは羽子板・とんぼなどや茶臼・天目茶碗などがみられ、当時の子供たちの遊びや喫茶の風習など、中世に生きた人びとの娯楽に興じていた様子をうかがうことのできる興味深い資料となっている（図87）。

（六）檀波羅密寺跡

泉佐野市中庄に存在する天神山とよばれる小丘陵の裾部に、中世期の遺構が検出される平坦面が広がる。遺構は標高約一〇～二〇メートルで検出されるが、この地は熊野大道に沿ったところであり、村絵図では「壇波羅密寺」と記され、三間の縁が廻る瓦葺の堂が描かれている。

現在この地点には熊野大道と併行して国道二六

図88　檀波羅密寺跡

号線が貫き、周辺は田畑あるいは店舗・住居が点在している。寺院の姿をうかがわせる施設などはまったく現存しないが、九条家文書などからは九条家との結びつきの強い大寺院であったことが知られる。

考古学的手法から本寺院に関する資料を初めて確認できたのは、一九七二（昭和四十七）年度に実施された現在の国道二六号線建設に先立つ調査によるものである。この調査では、幅約一〜二《メートル》の溝が二条検出されている。二条の溝は、北西方向に併行して走り、調査区の北西端で東北方向にほぼ直角に折れ曲がる。二条の溝間の一部で漆喰痕が確認されたことから、ここには築地塀の存在が推測されたのと同時に、溝の内部からは中世瓦などが大量に出土したことから、「塔頭」の存在が推測された。

その後、一九八四（昭和五十九）年度には南側

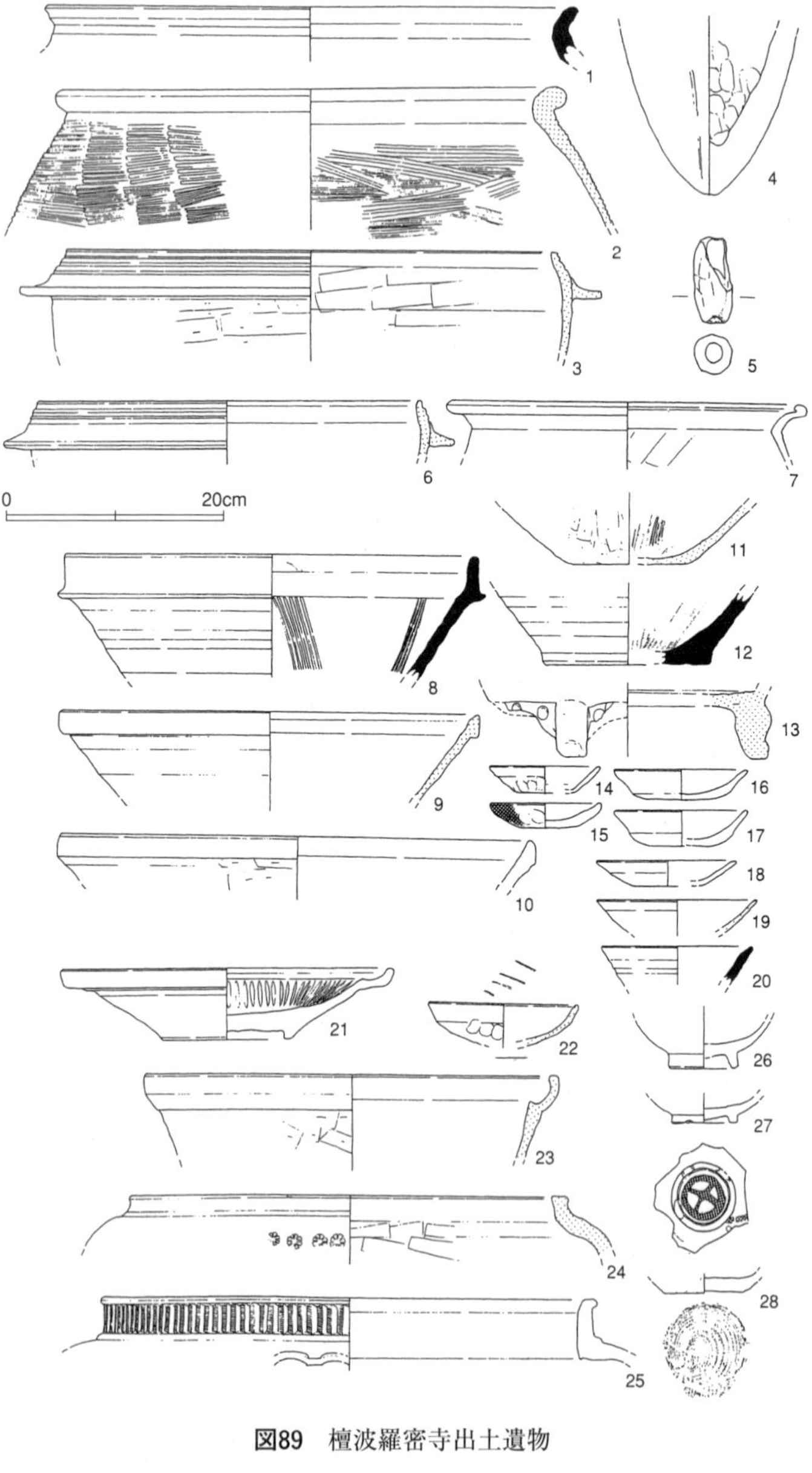

図89　檀波羅密寺出土遺物

図90　大量に出土した檀波羅密寺跡の屋瓦

部分で新たに調査が実施され、以前と同様に引きつづき二条の溝が検出された。これらのことから、二条の溝によって北限と北東・北西の角および南東端を画した敷地の確認が可能となった。その敷地は東西一二〇メートル、南北約九〇メートルの広大なもので、圧倒的な出土量を誇る屋瓦から鑑み寺域であったことが推定されている（図88）。

敷地内では、溝のほかに池や井戸なども検出され、内部からは溝同様に多量の瓦類が、十四世紀後半に属する日常雑器類や人形や呪符などの祭祀に関連する木製品などとともに確認されている。ところが敷地周辺に広がる溝にくらべ、柱穴遺構が検出されていないため建物の様子をうかがうことはまったくできない。しかしながら、遺構から出土する大量の屋瓦などから、かつて敷地内には瓦葺建物が存在したことはほぼ間違いないところであり、それも掘立柱建物ではなく礎石建物であった可能性を強く示唆していると考えられる（図90）。

ここで問題となってくるのは、このように検出された瓦葺の礎石建物遺構は、どのような性格をもった施設であったのかということである。湊遺跡あるいは上町遺跡、若宮遺跡など周辺に展開する集落遺跡からは、檀波羅密寺を現す字名刻印の文字瓦が破片ではあるがかなり出土している。しかし残念ながらこの敷地内ではこの字名刻印瓦は一点の出土もみていない。またここから出土した瓦の大半は高温による二次焼成を受け、施設が火災に遭遇したことはまちがいのないところであり、その時期は、出土遺物などから十四世紀後半である。このことは十四世紀末に起こった応永の乱との関連も示唆されている。このようなことから、当敷地に存在した施設は寺院施設ではなく、城館的性格の強い遺構であったのではないかとの指摘もされている。

しかしながら、調査区全域にわたって出土する屋瓦はあまりにも大量で、そのことは規模の大きな瓦葺建物が存在したことを指摘するものであることから、堂宇などの寺院遺構であったことはほぼ疑いのないところであろう。したがって、村絵図で熊野大道沿いに表記された「壇波羅密寺」との関連を考慮することは十分に可能であり、また、檀波羅密寺そのものが戦乱の渦中に巻き込まれる要因をもった寺院であったことも否定されるものではない。

いずれにせよ、新たな資料の出現に期待を寄せ、今後の検証を進めることが肝要であろう。

（七）白水池遺跡

前章で記述したように、平野部の広がりがごくわずかであった旧和泉の国では、わずかな沖積地

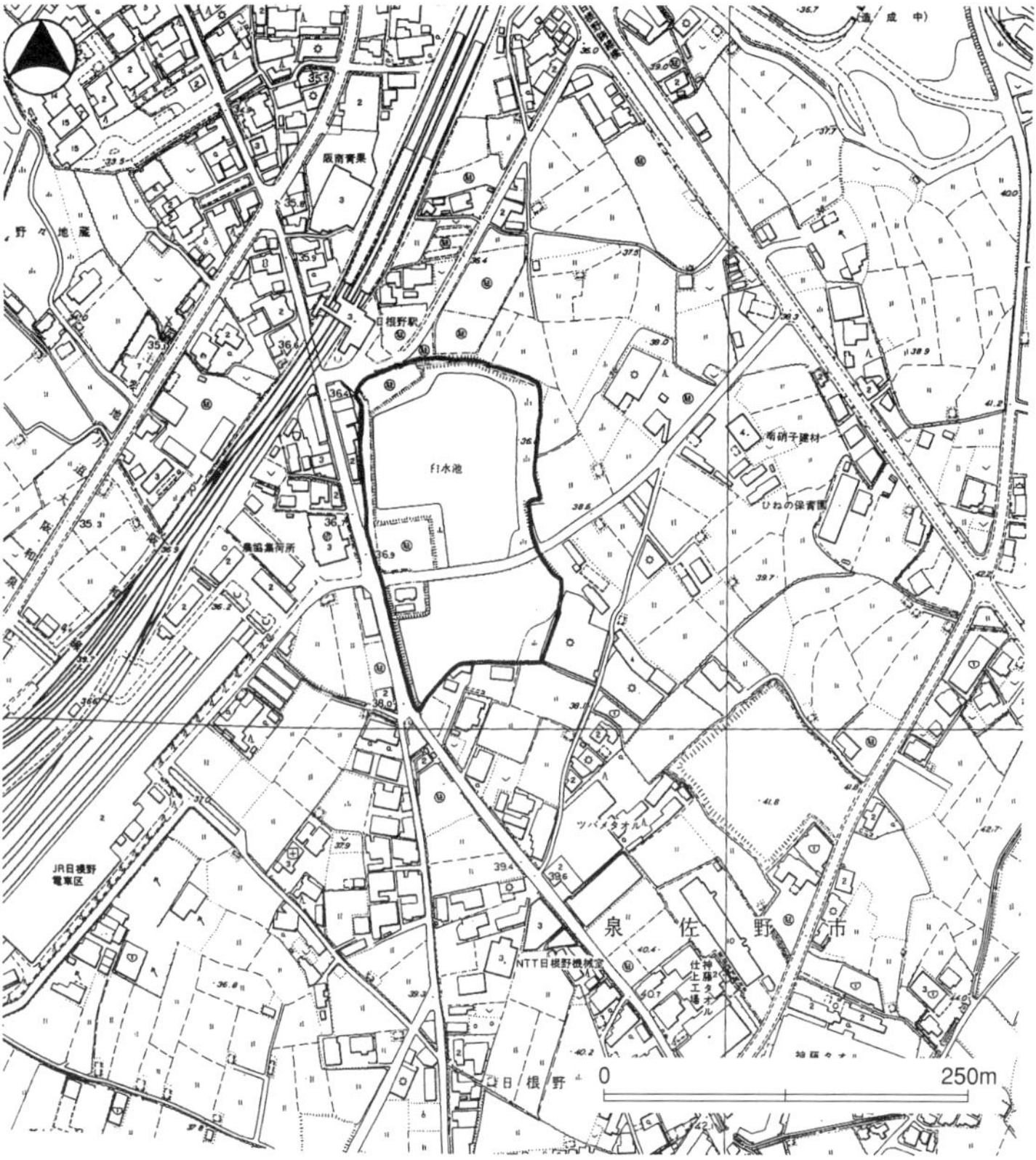

図91　白水池遺跡の位置

に展開した条里地割を除くと、大半が未墾地となっていた。旧和泉国では、十四世紀頃になって未墾地であった洪積段丘にまで本格的に開発の手が及んだと考えられているが、日根荘でも同様であったと推定される。

村絵図によれば日根野村周辺に展開する段丘上は「荒野」と描かれ、未墾地であったことがわかる。しかしながら、北側に隣接する熊取との間に存在する小丘陵に沿って、「甘漬池」、「八重池」、「住持谷池」などのほか、絵図中央寄りやや下部にみられる「泉池」などのいくつかのため池と、その近辺には

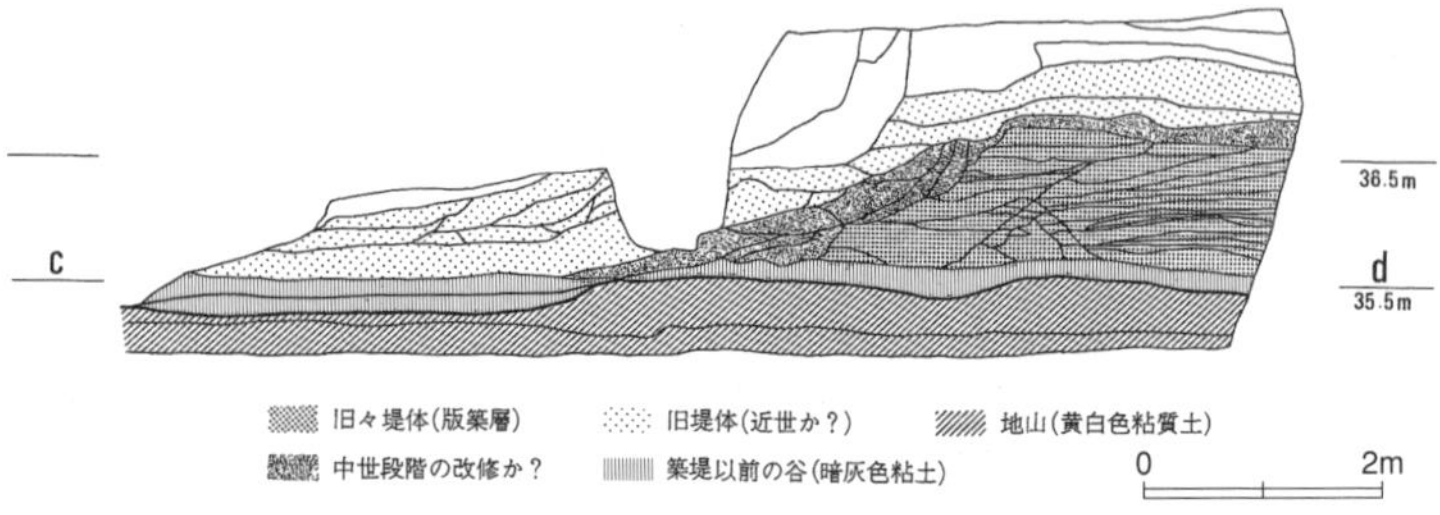

図92　西堤の断面

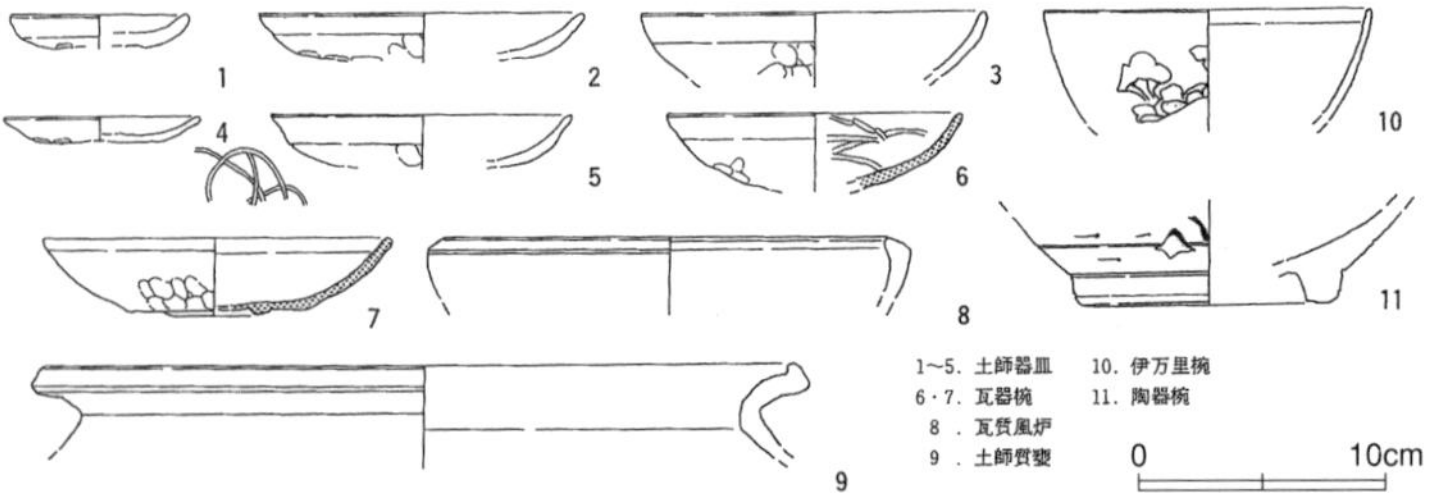

図93　白水池遺跡出土遺物

「井桁」で記された田畑が広がる様子が描かれている。したがって、十四世紀前半の日根野村では、開発の手が及ばぬ段丘面が依然かなりの面積をもっていたとはいえ、ため池利用による段丘での灌漑も進行していたことが明らかとなるのである。

白水池遺跡は、上位段丘の段丘崖に沿って形成された旧河道の一部を堰き止めて築造された旧白水池を中心に広がる遺跡である。白水池は「泉池」と村絵図では描かれているが、その後近世絵図にもたびたび登場し、日根野の耕地開発の進展には欠くことのできないため池であった（図91）。

白水池利用による灌漑は昭和の後半にはその役割を終え、周辺居住域の雑排水が流れ込むドブ池状態となっていた。この池に考古学的な手法による調査が実施されることとなった契機は、JR阪和線日根野駅前で計画された区画整理事業により、当池が完全に遺棄されることとなったためである。しかし、この発掘調査結果から、初めて白水池の築造が中世にまでさかのぼることが明らかになった。

白水池は、数条の自然流路が流れ込んだ谷筋の北側および西側、さらには東側の一部に堤体を築いて堰きとめた皿池である。近世以降の築堤が判明した東側堤体以外は、中世に築堤されたことが確認された。築堤当初の規模は、堤底約三メートル、堤高約一メートルほどの小規模なものであったこともわかっている。西側堤体は谷筋に堆積した粘土層上に築いているが、盛土のなかほどには版築による鋼土状の堆積がみられた（図92）。一方北側堤体は地山上に築かれていた。少量ではあるが、堤体盛土内からは十三世紀中頃の瓦器椀を主とした遺物の出土がみられ、日根荘成立当時には白水池はすでに築造されていたことが考えられる（図93）。

近世期以降、周辺では大規模な耕地開発が進展するが、それに応じて白水池の改修も頻繁におこなわれ、堤体も数度にわたって積み重ねられる。その結果、幅一〇～一五メートル、高さ二～三メートルを測る現在の姿へと発達していくのである。

（八）日根野・机場遺跡

泉佐野市日根野の西出とよばれる地域と、それに接する上之郷の机場地域には、「御館」、「大館」の小字名が残されている。現在この範囲は、通称名称である日根野・机場遺跡とよばれているが、かつては日根野城跡として周知されていた。

日根野城跡は、在地土豪として知られた日根野（中原）氏に関連する城館として注目され、先に紹介した小字名の残る近辺を中心に存在していたことが指摘される。『泉州志』にもその居館は日根野の中筋村とされているが、この地域での本格

室　町　時　代

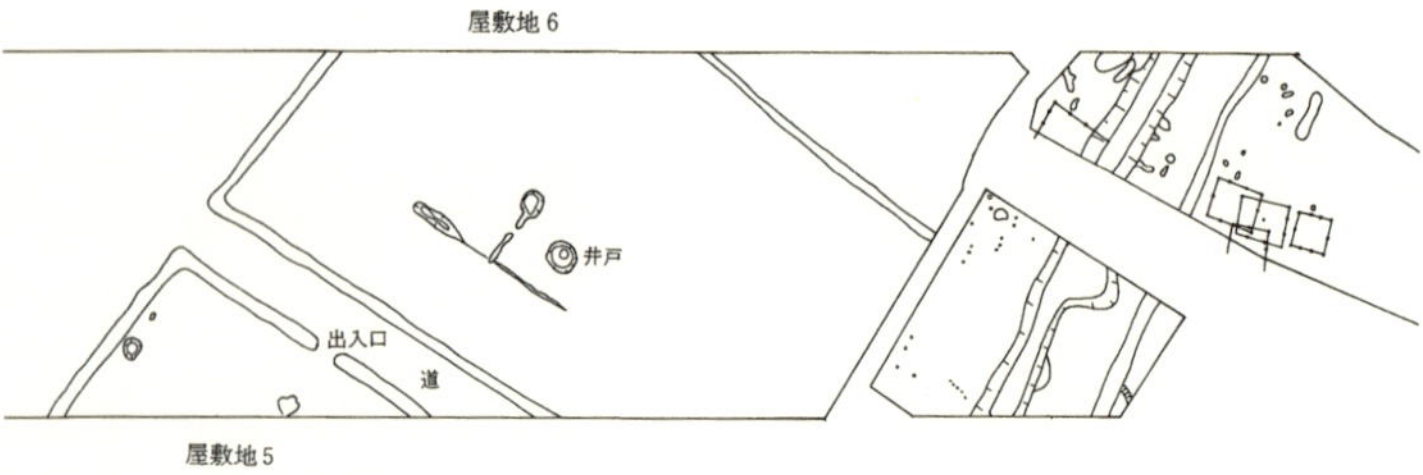

遺跡・遺構平面図

的な発掘調査等が長らく訪れることがなく、その所在の指摘に留まっていた。

本格的な発掘調査は、関西国際空港の建設に関連して空港連絡道路が上之郷、日根野地域を縦断する形で計画されたため、その機会が訪れることとなった。この調査では、溝によって方形に区画された屋敷地が、日根野遺跡で四カ所、机場遺跡で二カ所と少なくとも六カ所以上が検出され、日根荘の時代の主要な遺跡の一つとして急遽注目を浴びることとなった。

屋敷地個々の内容については、堀江門也によって概要が報告されていることから、それに準拠しながらあらためて紹介したい（図94）。

①屋敷地一

約四〇～四五メートル（二五間）四方で方形に囲む溝は、幅約〇・六メートル、深さ〇・三～〇・六メートルを測ることから、屋敷地面積は約二〇二五

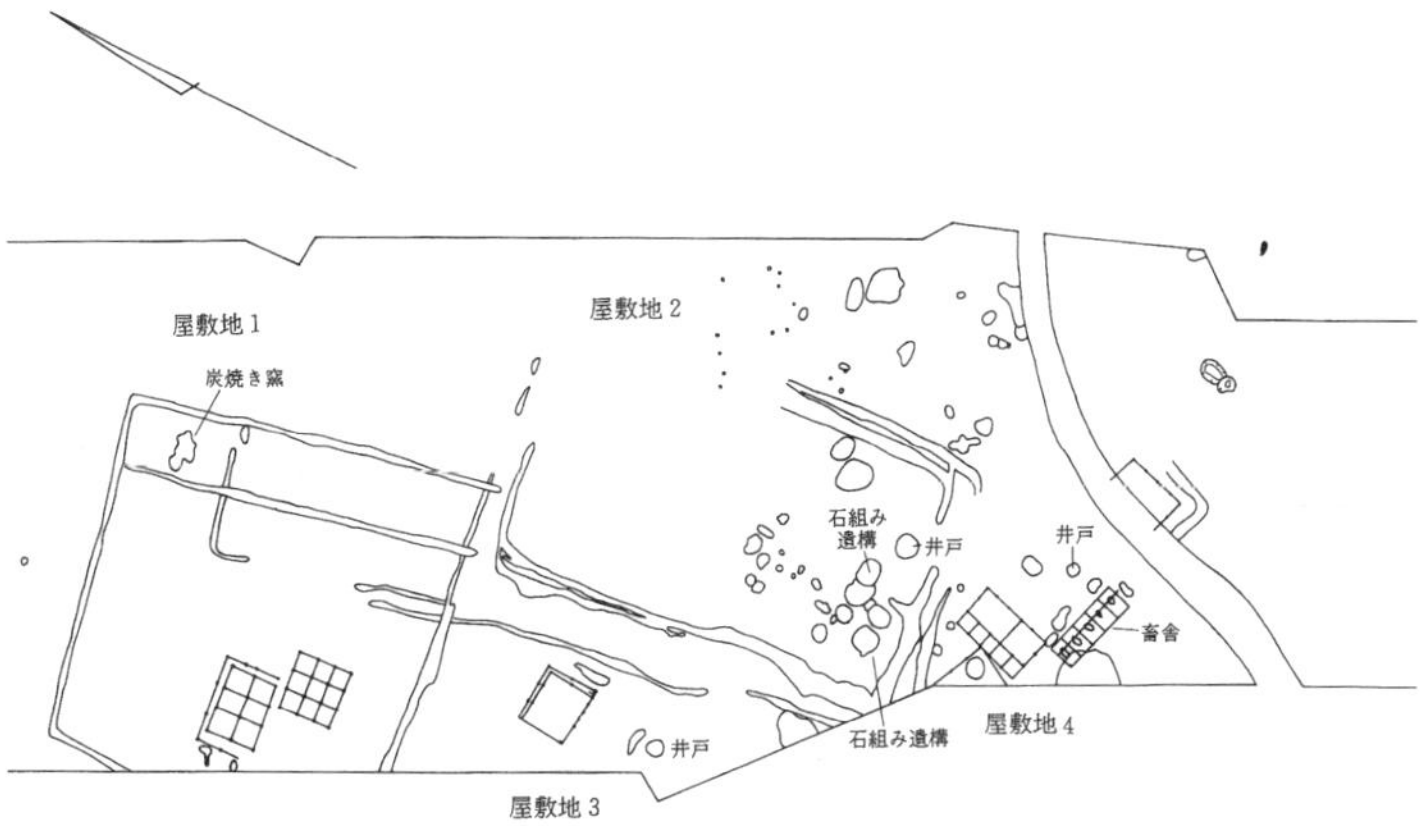

図94　日根野・机場

平方メートルと推測されている。屋敷地内からは、掘立柱建物二棟、土坑、炭焼き窯が検出されている。

②屋敷地二

周囲を囲む溝は北東の一部で断絶するが、幅〇・三〜二・〇メートル、深さ〇・二〜〇・六メートルを測る。約三六メートル（二〇間）×五四メートル（三〇間）の長方形の屋敷地で、その面積は約一九四四平方メートルである。屋敷地内では掘立柱建物のほか、貯蔵庫である石組み遺構や石積み井戸等が存在する。

③屋敷地三

屋敷地一の南側部分の溝を共有し、屋敷地二との間には三〜六メートルの道路を挟んで接する。屋敷地の西側大半部分は調査区外であり、屋敷地面積は推定でしかないが、ほぼ屋敷地二と同規模であると報告している。掘立

図95　日根野・机場遺跡　屋敷地5

柱建物一棟とそれにともなう石積み井戸が検出されている。

④屋敷地四

掘立柱建物三棟、石積み井戸（図96）、石組み遺構（図97）が各一基確認されているが、周囲を廻る溝は明らかとなっていない。三棟の建物のうち、東西五間×南北一間、その北側に一間庇を設ける建物は、その構造から厩と推定されている。遺構の軸は、他の屋敷地のいずれとも異なっているが、近辺でみられる現在の区画割りを踏襲したものとなっている。

⑤屋敷地五

後述する屋敷地六とともに机場遺跡に含まれる。溝幅は一・八《メートル》、深さ〇・九《メートル》のV字型を呈し、屋敷地を長方形に囲む（図95）。北側および東側の一部で検出されたにすぎな

図96　屋敷地４の石積み井戸

いが、東側では幅約二・五メートルの石積み補強された陸橋部（図99）が確認される。屋敷地内部には建物等を示す遺構の検出はなく、屋敷地六とともに礎石建物が存在した可能性を指摘している。溝の方向が周囲に残る現況地割と一致することから、南北約七二メートル（四〇間）×東西三六メートル（二〇間）、屋敷地面積は二五九二平方メートルの規模を推定している。

⑥屋敷地六

幅三〜六メートルの道路を挟み、屋敷地五の東側に広がる。屋敷地を囲む溝は、幅約一メートル、深さ〇・四〜〇・七メートルを測り、東西約五四メートル（三〇間）、南北七二メートル（四〇間）で、面積約三八八八平方メートルの屋敷地と推定している。

屋敷地群のなかでは最大規模を誇るもので、十五世紀代の掘立柱建物等はまったく検出されず、石積みの井戸と土坑が検出された

図97　屋敷地４の石組み遺構

図98　日根野遺跡の土坑墓

図99　屋敷地５の土橋

にすぎない。屋敷地五同様に礎石建物であったことが推定されている。

このように屋敷地群は、たがいに道路や溝を挟みながらも緊密な相互関係にもとづき計画的に配置されていたと推定しているが、屋敷地五・六の南側に東西方向に流れをもつ幅約八《メートル》、深さ一・五《メートル》のほぼ同時期の大溝が確認されることから、屋敷地群の南限を大溝までとしている。さらには、大溝を挟んで同時期に属する掘立柱建物が数棟検出されているが、大規模な敷地からなる屋敷地群とは較差の存在することを示唆している。また、屋敷地間にも敷地規模あるいは構造、さらに

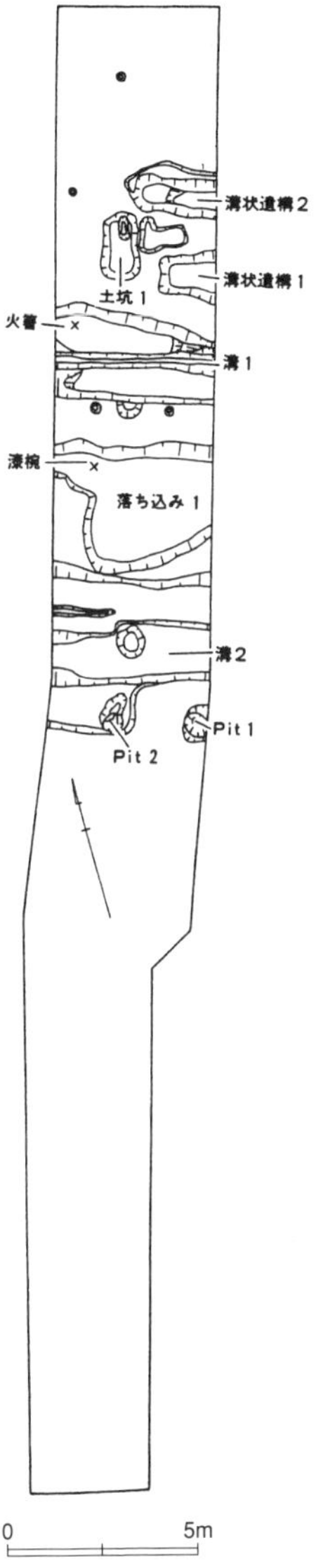

図100　2本の溝状遺構

は建物にも掘立柱建物であるか礎石建物であるのかといったことを取り上げ、ここでも較差が生じていたことを指摘できる。

いずれにせよ日根野・机場で確認される屋敷地群を主とした各遺構が帰属する時期は、ほぼ十五世紀代に限定され、前後する時期の遺構や遺物は検出されていない。さらに、屋敷地群は十五世紀になって突然出現し、さらには十六世紀には耕作地へと変化していることから、ごく短期間の経営であったことが指摘されているのである。つまり屋敷地群はなんらかの時代の要請によって出現したものとしている。

こうした事実関係から、九条家支配による日根荘の直接支配を担った在地領主の存在を、近辺に残る「御館」等の地字に求め、検出された屋敷地群はその在地領主にかかわった有力農民層のものであったとしている。また、十六世紀には廃絶したその背景には、在地領主であった日根野氏の没落があったことも指摘できる。

残念ながら屋敷地群の西側に残る「御館」、「大館」の地字の土地では、規模のまとまった調査例がなく不明な点が多い。しかし一九九六（平成

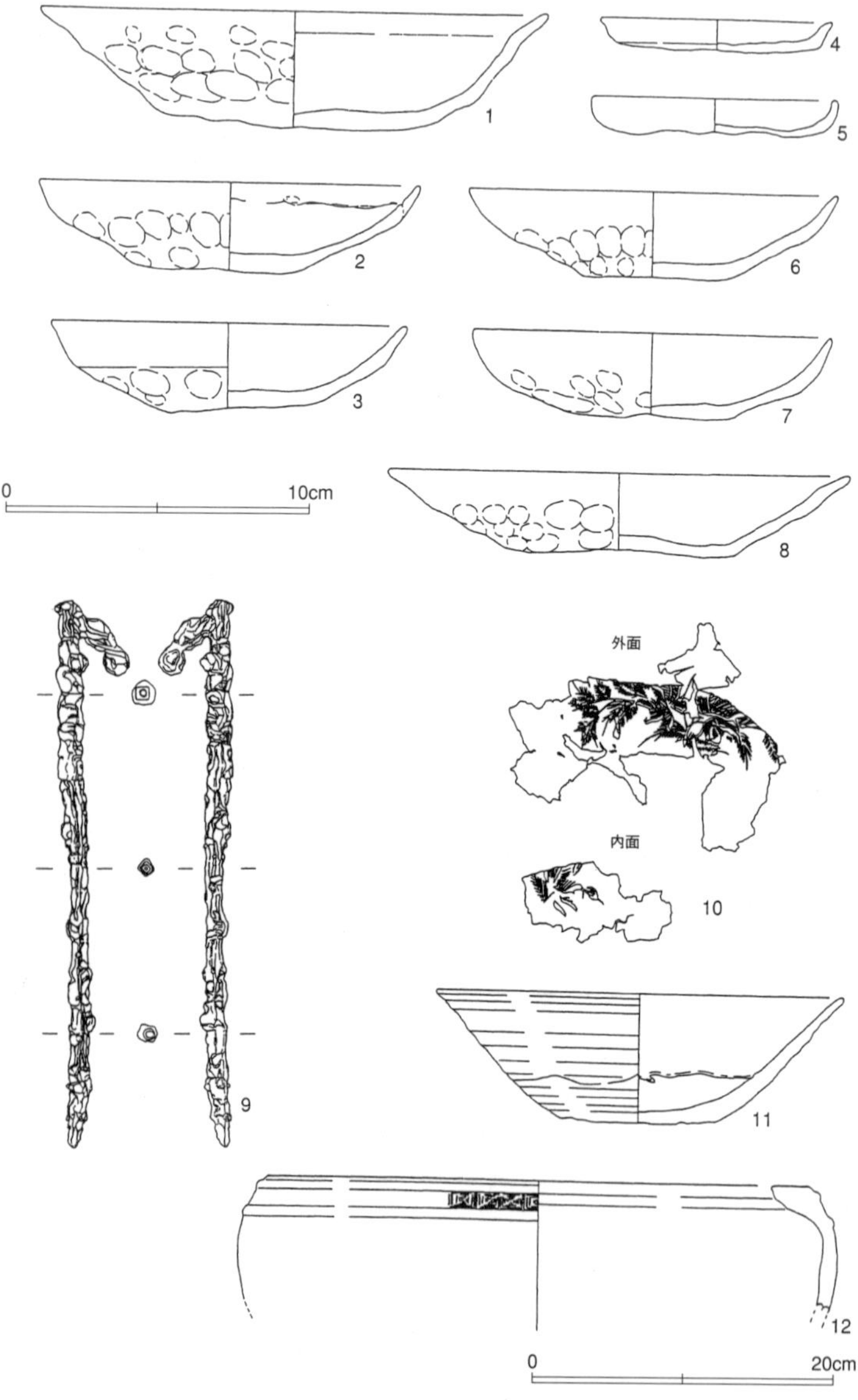

図101　日根野遺跡出土遺物

八）年度の泉佐野市教育委員会による調査では、ごく限られた調査範囲ではあるが東西方向に流れをもつ溝二条と、それにともなう土坑、柱穴等が検出されている（図100）。溝一は、当初幅約〇・八メートル、検出面からの深さは〇・四～〇・六メートルを測るものであったが、幅約一・二～一・四メートル、深さ約〇・八メートルを測る溝へと掘り返され、その断面形も「U」字形から「V」字形へと変化している。

溝の北辺で検出された大小の礫が混入する土坑のなかからは、二〇本以上の鉄釘や火箸等が出土している。調査区の北端では溝状遺構が二条検出されているが、内部にはいずれも小礫に混じって土師器等が大量に含まれていた。とくに大中小の皿類が完形に近い状態で出土しているが、褐色系のものと白色系のものがみられる。ともに出土した瀬戸直縁から十五世紀前半頃に帰属すると考えられ、各遺構の時期もおおむねその頃であると考えられる（図101）。

溝一・二を境に調査区の南側ではまったく遺構・遺物の出土が確認できない。このことから溝一の北側には居住域が広がり、南側はその域外であったことが推測される。周辺での本格的な調査の実施を待ち、検証することが必要ではあるが、遺構の構造ならびに出土遺物の特殊性などに一般集落との相違がみられることから、ここに居館等が存在したことも推測され、非常に興味深く、今後に期待したい。

（九）南《みなみ》中《なか》安《やす》松《まつ》遺《い》跡《せき》

佐野川と樫井川および海岸沿いに形成された沖積段丘ならびに沖積低地上に立地する。

中世後期の遺構面は標高一五・〇メートル前後で検出され、溝、土坑、柱穴、井戸、窯跡などがみられる。土坑および柱穴などは規模・形状ともに不規則であるが、埋土からは瓦質羽釜・擂鉢・甕、備前焼擂鉢・甕、瓦、砥石などが多量に出土している。素掘りの井戸SE六四は、不定形な楕円形で長径三・六七メートル、深さ三・五メートルを測り、多量の須恵器、備前焼、土師質土器、瓦質土器、輸入陶磁器などが検出されている。

変わった遺構としては、窯跡SX八〇が検出されているが、その詳細については明らかとなっていない。

これら遺構の性格であるが、土坑、柱穴、井戸などを囲むように溝が検出されていることから、溝によって画された範囲に遺構が広がっていることが確認される。また、それらの遺構から一括して出土している遺物が屋瓦および煮沸具、調理具などによって占められている。また、決して量を誇るものではないが、輸入陶磁器の出土などもみられ、一般の集落とは異なるものであることは容易に判断されよう。仏堂あるいは寺院関連の遺跡であったと考えるほうが妥当ではないかと思われる。

（一〇）樫井西遺跡・樫井城跡

現在の南中樫井に所在しているが、中世にあっては当地域と日根荘との関係は明らかではない。しかしながら、集落内を熊野大道が貫き、「籾井王子（樫井王子）」も置かれ、交通の要衝地として後の大坂夏の陣では有名な樫井合戦が繰り広げられた地域でもある。こうした地域的特性から、「樫井城」、「籾井城」、「本山城」など中世城館が複数設置されていたことが、文献等では早くから知られていた。

樫井城館跡は、樫井城跡として周知されているが、遺跡の西南端、熊野大道の北側に「詰」という地字名が残る土地が広がる。そしてそれを取り

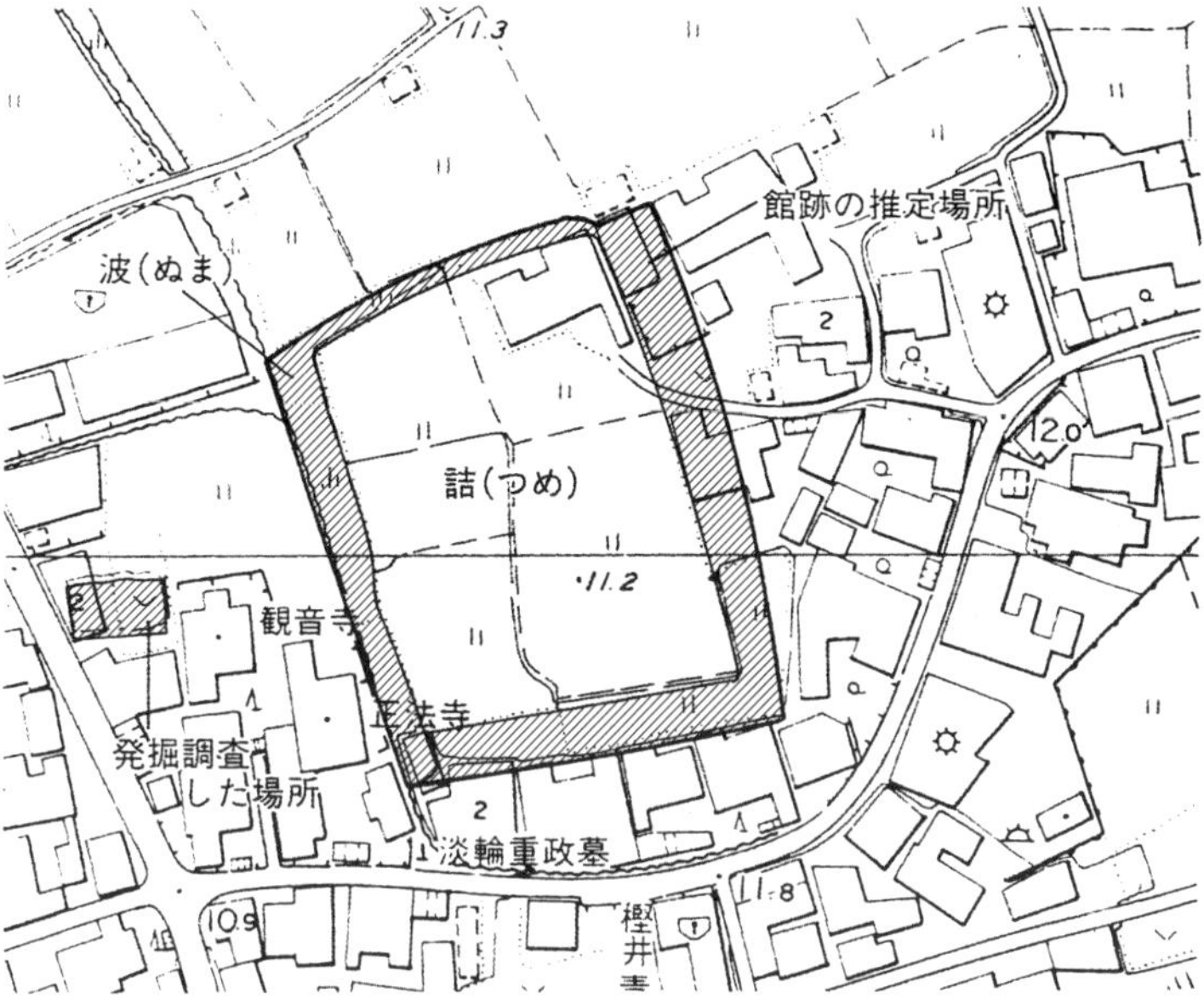

図102　樫井城館跡推定地と字名

囲むように「沼」という地名が残る。現在は地表面からの調査に留まっており詳細は不明ではあるが、おそらくここが城館跡の一つであることはほぼ間違いないであろう。「詰」と比較すると「沼」は一段低く、その幅は約四〜一〇メートルで、屋敷を取り囲む堀跡であると考えられる。こうしたことからこの城館跡は、東西九〇メートル（五〇間）、南北約四五メートル（二五間）の規模が推定される（図102）。

発掘調査では、一九九一（平成三）年度の住宅建設に先立つ調査で初めて中世の屋敷地の存在が確認された。遺構の検出される標高は一〇・〇メートル前後で、地山層の上面で確認された。遺構には井戸、土坑、溝、土坑墓、柱穴などとともに中世の土器あるいは瓦などが多量に出土し、屋敷地であることが明らかとなった（図103）。

井戸は二基確認されているが、このうちの一基は人頭大の川原石を平面円形にていねいに積上げ

図103　樫井城跡周辺の屋敷跡

た石組み井戸で（図104）、直径は一・六メートルを測る。井戸内部の埋土からは白色系土師器・瓦器椀・たこ壺などが出土している。

　調査区西端で検出された溝ＳＤ〇一は、南北方向の流れを示し、検出長二・二メートル、最大幅三・〇メートル、深さ〇・八メートルを測る。後世の攪乱による影響なども考慮すれば、その幅、深さともに現状の規模を凌駕していたことは十分に予測される。溝埋土は明黄褐色の粘質土層で恒常的な流水があったことは考え難い。埋土からは白色系土師器・瓦器椀・龍泉窯系青磁碗・東播系擂鉢・紀伊型羽釜などが多量に出土しているが、規模・形状などから屋敷地の西辺を画する堀状遺構であることも推測されよう。

　土坑墓は、長さ一・四メートル、幅一・〇メートル、深さ〇・三メートルを測る不定形な長方形を呈し、埋土からは鉄釘が三本出土している。このことから木棺が

図104　屋敷跡で発見された石積み井戸

土坑内に埋納されていたことも考えられる。その他白色系土師器も出土している。

遺物包含層および各遺構から出土している遺物は、白色系土師器を中心として十四世紀後半から十五世紀初頭のものに限定されていることから、当屋敷地は南北朝時代後半の動乱の真っ只中に存在していたようであり、城館領主に仕えた住人の屋敷であったことも考えられる。

樫井城跡の西北部に接して所在する樫井西遺跡は、弥生時代中期後半の方形周溝墓群が検出されることで著名な遺跡で、条里施行地割内に広がる。ここでは南北朝期の住居あるいは水路の一部が検出されていたが、一九九七（平成九）年度の調査では、長さ約四〇メートル以上（二五間）の規模をもつ東西方向の溝が検出されている（図105）。溝は西端部でコーナーをもち南側へと向きを変え調査区外へと延びている。幅は四～五メートル、深さは約

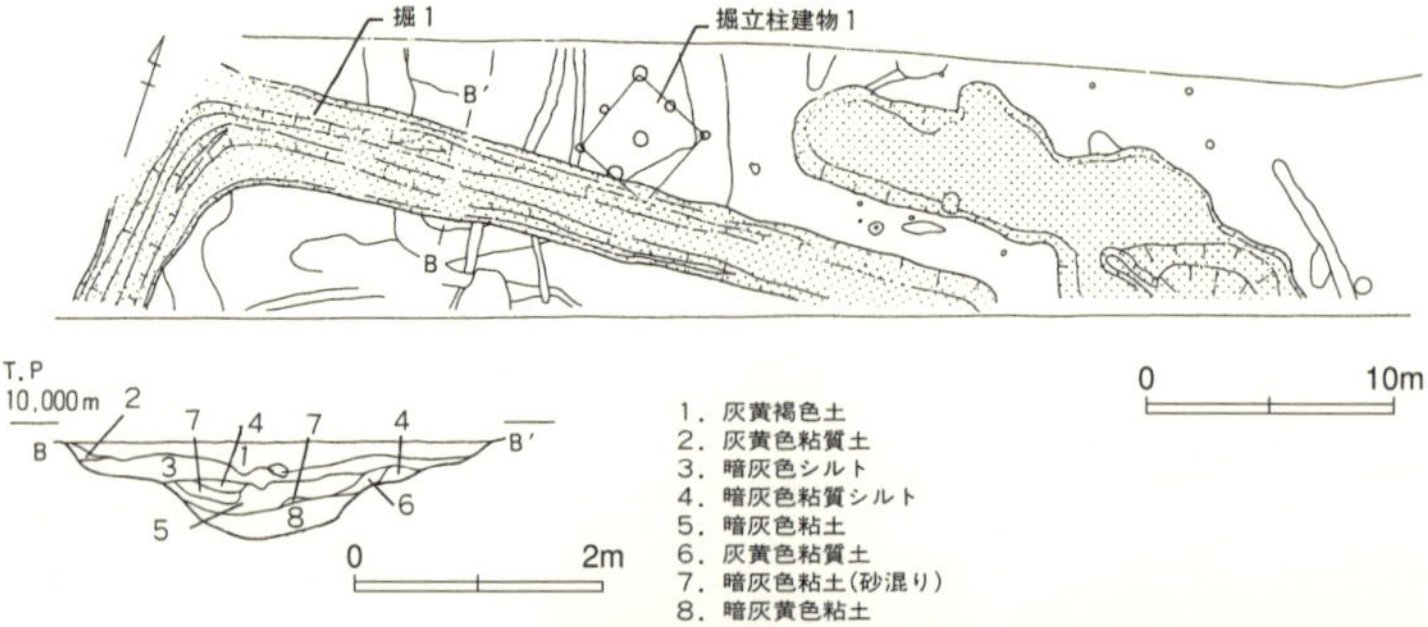

図105　樫井西遺跡の堀遺構平面・断面図（上）と発掘現場遠景

一・五メートルの規模を誇る大溝で、内部からは十四世紀後半から十五世紀前半の土器類が出土している。屋敷の周囲を巡る堀であることは間違いないところであり、城館の一つであったことも考えられる。溝の方向は現在の地割とも一致していることから、今後周辺調査の進展により敷地規模の復元等も可能と考えられる。

（一一）土丸・雨山城跡

中世入山田村の入り口となる土丸の山頂部と、そこから尾根続きに市域を越えて北西部に接する熊取町成合の各山頂部に所在する山城が、土丸城および雨山城跡と称されている（図106）。両城に関する論証は数多くおこなわれているが、村田修三らにより、「雨山城」と「土丸城」とは別城ではなく、その構造上からみて分散型の一城郭であるとする説が有力である。つまり雨山城側を主峰

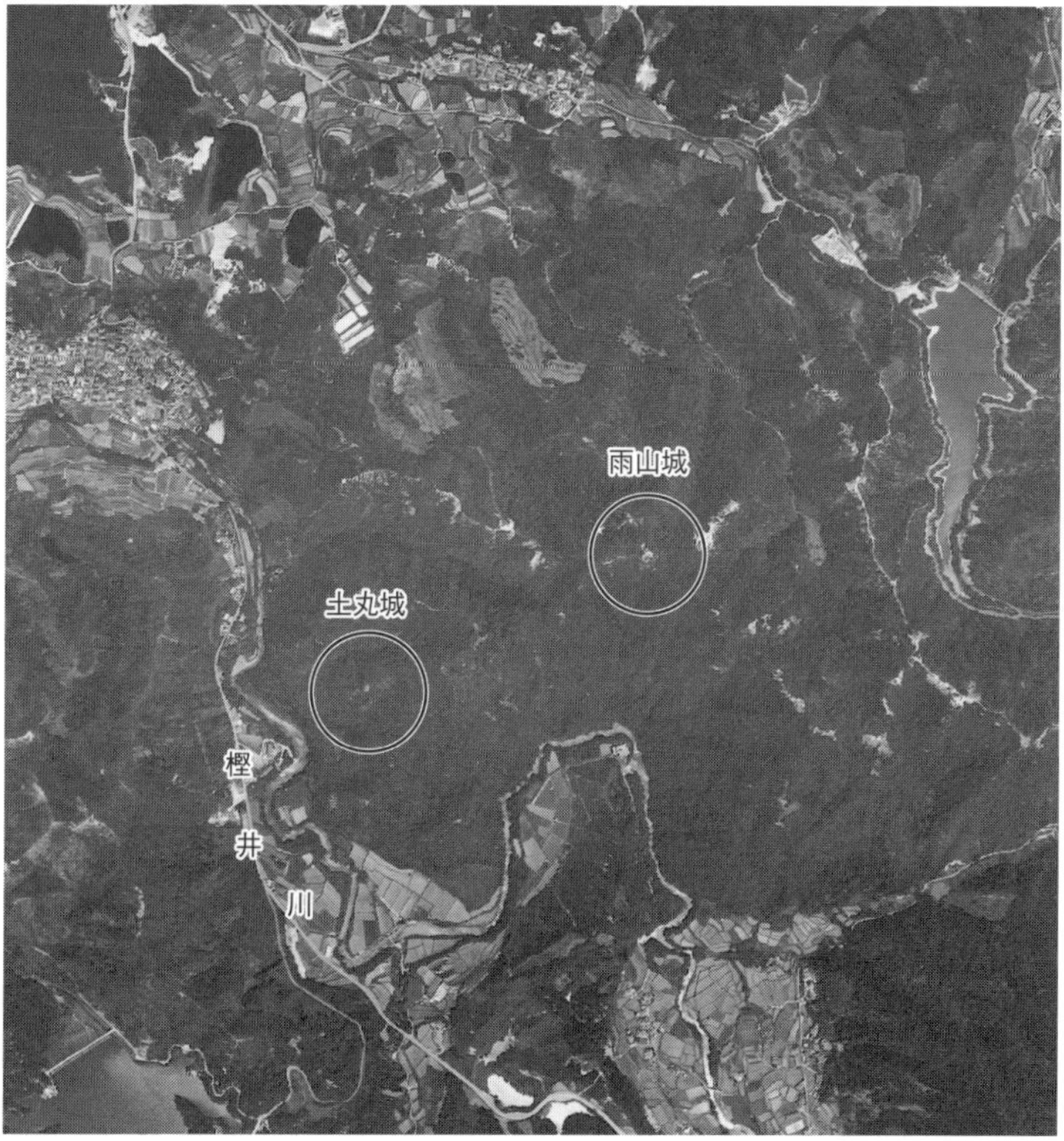

図106　土丸・雨山城　航空写真

遺構とし、土丸城側はその支峰遺構としてとらえ、総じて「土丸・雨山城跡」としているのである。現在表面から観察できる縄張りにいたるまでには、数度にわたる改修がおこなわれてきたようで、土丸側主郭の東下の湾曲した武者隠しや、熊取側の通称「千畳敷」被害下の武者隠しなどには、戦国期の技術が随所に確認される（図107）。

さて土丸城は、中世史料等によれば足利尊氏から命を受けた日根野盛治が土丸城を警護し拠点としたことを契機に、南朝方の橋本正督、和泉守護山名氏らの拠点となった泉南地域でも屈

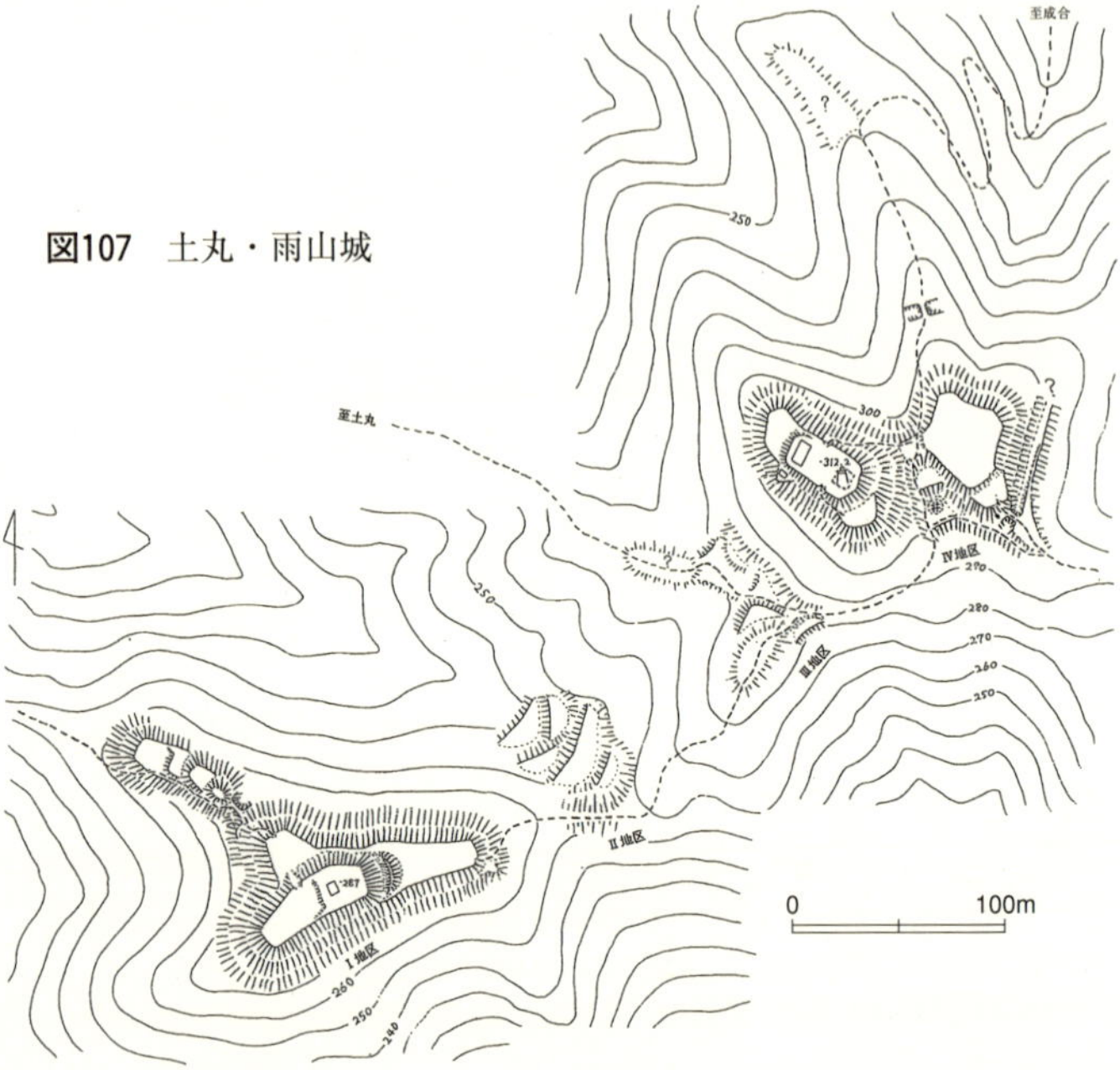

図107　土丸・雨山城

指の城郭であった。一四八四（文明十六）年に起こった応永の乱では、畠山政長が土丸城を拠点に大内義就との間で「合戦」をおこない、「太平記」の時代には南朝、北朝の、「応仁の乱」では東軍、西軍の戦場の舞台となった。

　このように城山としては泉州でも随一といえる雄大な山容を誇る土丸・雨山城が、数度にわたる戦乱の舞台として活用された山城であったにもかかわらず、拠点的城郭として十分に成熟しないまま終わりを遂げた背景には、この山城を活用し拠点とする政治勢力が生まれてこなかったことによるものとされている。いずれにせよ、今後発掘調査を含めた本格的調査の実施により、詳細な規模・構造の解明が急務である。

（一二）大木遺跡

大木遺跡の所在する大木地区は、九条家領日根荘の入山田村（泉佐野市大木・土丸）に含まれ、当時は船淵（上大木）、菖蒲（中大木）、大木（下大木）、土丸の四カ村で構成されていた。大木遺跡は大木（下大木）に含まれ、一五〇一（文亀元）年から約四年間、荘園領主であった九条政基が滞在した「長福寺」が存在した遺跡として注目されてきた。

　この地域では早くより民俗あるいは歴史の分野で調査が進み、注目すべき実績を数多く残してきたが、本格的な発掘調査が実施されることはなく、遺跡の内容などについてはまったく言及することができなかった。かろうじて一九九〇（平成二）年度に実施された分布調査等により中世遺物が採取されたことで、遺跡が所在することを確認するに留まっていた。

　一九九九（平成十一）年度にこの大木遺跡内で圃場整備事業の計画がもち上がったことを原因として、二〇〇二（平成十四）～二〇〇三（平成十五）年度にわたり確認調査が実施される機会が訪れることとなった。圃場整備事業は、当初樫井川左岸部に形成された狭小な段丘上約八ヘクタールにおいて実施される計画であったことから、二カ年で総数延一〇〇カ所を超えるトレンチを設け調査を実施した。このなかでも、事業対象地北側に所在した「長福寺」の字名が残る樫井川と段丘崖に挟まれた水田地帯は、長福寺跡の発見も期待されるところであり、中世史の研究者などからは注目を浴びることとなった。

　ここで大木地区の地形について概観しておきたい。大木地区は、標高三〇〇メートルをこえる山に四方を囲まれ、その間を北西方向に流れる樫井川によって形成された細長い谷筋に立地する。同じ樫井川によって形成された標高四〇～五〇メートルの洪積台地に立地する日根野村から、南側に向かって迫

図108　長福寺跡周辺図

る二カ所の小丘陵を駆け上ったところに広がる小盆地に大木村が所在する。日根野村からの標高差は約六〇《メートル》である。大木村はこのような立地特性から、天然の要害として位置づけられるが、『政基公旅引付』でも入山田村四カ村を「谷中」と記し、土丸を虎口にした自然の要害としている（図108）。

このなかでも「長福寺」の地字名が残

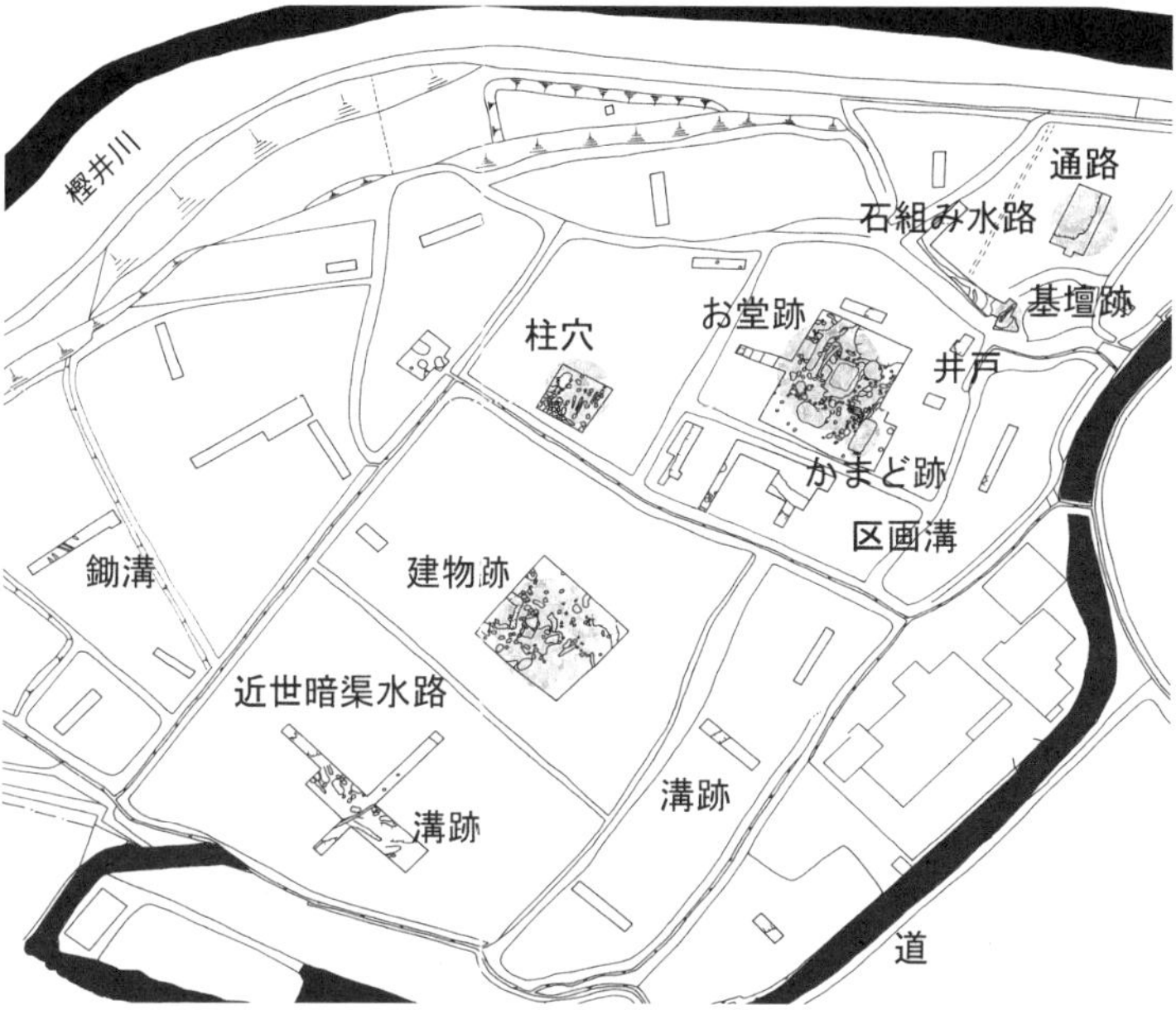

図109　長福寺遺構配置図

る水田地帯は、小盆地の北端部で樫井川の湾曲に沿って三角状に張り出した段丘平坦面に位置する。樫井川との標高差は約一〇メートルで、直接の取水は困難であるが、段丘崖裾部の谷筋からの湧水あるいは地下水などにより取水が可能となっていたようである。ここで検出された中世遺構は、堂、掘立柱建物、井戸、土坑、かまど、溝、池、壇状のもの、暗渠水路など、限られた調査範囲でありながら非常に多岐にわたる(図109)。

　これらの遺構にともなって出土する遺物として、周辺の調査区ではまったく確認されなかった瓦が、ここでは多量に確認された。これは、検出された遺構群が中世寺院に関連したものであることを確証させるものであり、なおかつその時期も日根荘隆盛期に帰属するものが主となっていることから、ここが長福寺跡と確定さ

表3　長福寺跡の出土遺物から見た遺構の存続時期

	時期	13世紀			14世紀			15世紀			16世紀			17世紀			18世紀			出土遺物
	出来事	1234年、日根荘の成立			南北朝の内乱			1429年、日根野村・入山田村2カ村の支配回復			1501～1504年の間、長福寺に九条政基が滞在した			1611年、熊取の中家に売券が出されて以降、長福寺は文献に記述されない			天保の大木村絵図には、高札場と阿弥陀堂が描かれる			
	遺構	I 期				II 期			III 期			IV 期		V 期			VI 期			
堂跡	ピット群					━	━	━	━	━	━	━	━							土師皿、瓦質擂鉢、土師質甕・鉢、青磁
	石敷遺構								━	━	━									古瀬戸小天目茶碗・花瓶・盤、白磁皿、瓦質擂鉢、土師皿、魚住鉢
堂跡の周辺	井戸跡1					━	━	━												土師皿
	溝1								━	━	━									備前甕
	溝2					━	━													軒平瓦
	溝4								━	━	━									土師皿
	溝5								━	━	━									龍泉窯青磁碗、白磁反端皿、瓦質擂鉢
	池跡								━	━	━	━	━							中国製染付碗、備前擂鉢、土師皿、土師質火鉢(奈良火鉢)、瓦質擂鉢
	井戸跡2								━	━	━									備前擂鉢、瓦質羽釜、水波紋軒平瓦
	暗渠排水路								━	━	━	━	━				━	━	━	堺擂鉢、土師質擂鉢、白磁小杯 京焼陶磁
	堀								━	━	━	━	━							土師皿、瓦質鉢、焼壁土 土師質甕
	壇状遺構													━	━	━	━			信楽擂鉢、肥前染付
	土坑1											━	━							備前船徳利、土師皿、軒丸瓦、軒平瓦
	土坑2													━						土師質甕
	かまど跡											━	━							白磁反端皿、青花皿、青磁稜花皿、土師皿 褐釉四耳壺
	通路状遺構						━	━	━	━	━									土師皿、瓦質鍋
	建物跡1					━	━	━												土師器、瓦器小片
	落ち込み			━	━															古瀬戸瓶子
	溝			━	━															瓦器碗
	谷状遺構	━	━	━	━	━	━	━	━	━	━	━	━							土師小皿、瓦器碗
	耕作痕				━	━	━	━												土師器、瓦器小片
	暗渠1																━	━	━	肥前染付
	暗渠2																━	━	━	肥前染付、瓦質火鉢、土師質甕

せる貴重な資料となった。

各検出遺構については、考古・歴史・建築の各分野から慎重に検証がおこなわれ、鎌倉時代初期から江戸時代中頃までの六期にわたって推移したことが明らかになった（表3）。

一期とする十三世紀前半に、鋤溝などの検出によってこの地域の開発が初めて着手されたことがわかる。当該期は日根荘が成立したころであり、そのことに連動したことも推測されよう。

本格的な開発へと発展するのは、十四世紀後半の二期となってからである。敷地の東側に流れる樫井川と西南の谷に挟まれた段丘上に建物や井戸、溝、通路などの主要施設が設けられ、防御的な立地特性を活かした屋敷地としての整備が進められたと推測される。石組井戸からは十四世紀後半の白色系土師器皿が出土している。

三期の初め、十五世紀前半には施設の増改築がおこなわれ、屋敷地としての整備は飛躍的に発展する。この時期は全般的に遺構密度が高く、その種類も豊富であるが、このことは当屋敷地が隆盛期を迎えたことを示唆しているものであろう。とくに目を引くのは、一辺一一〇㍍（六〇間）四方の方形敷地が整備されたことであるが、そのなかには後述する三間堂をはじめとした主要な施設が設置される。この時期の検出遺構は、石敷遺構、溝、池、井戸、堀、暗渠水路のほか、二期に出現した通路なども引きつづいて活用されていたようである。

屋敷地の整備事業は十六世紀の初め頃までは継続されていたようだが、以降しだいに衰退しはじめ、十七世紀に新たに設置された壇状遺構（堂）のみが十八世紀を通して存続したようで、他の施設はすべて消滅する。

二カ年の発掘調査により、「長福寺」に関連し

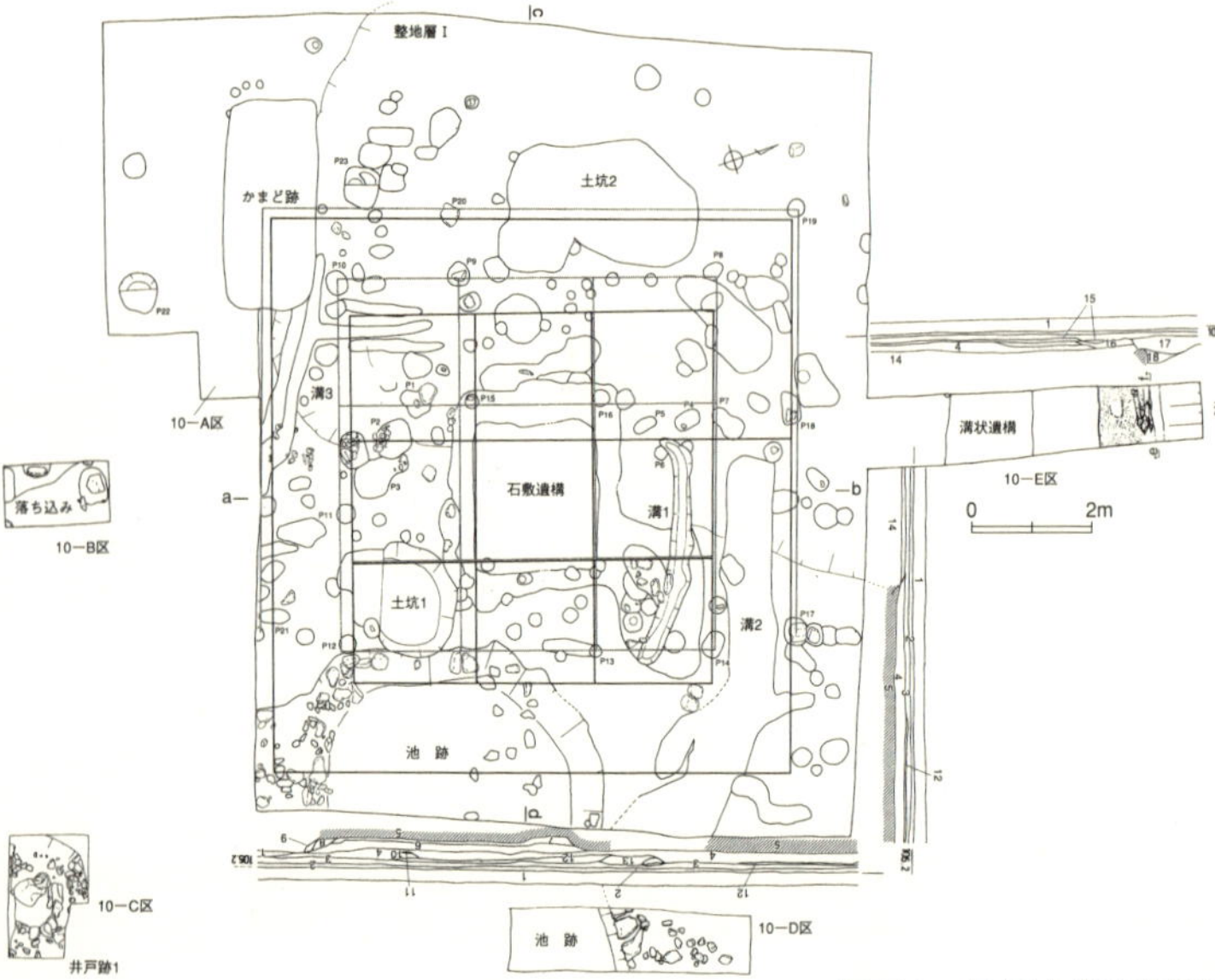

図110　長福寺堂跡遺構図

た遺構・遺物が初めて明らかとなり、さらにはその変遷にまで踏み込むことが可能となった。しかしながら、十五世紀に整備された方形区画内には、石敷き遺構ならびに池、井戸など特殊遺構が集中し、さらには同時期の瓦類がこの範囲内のみでの出土にかぎられることを根拠に、この区画内には寺院が存在したと推定されている。

　このなかでも注目されるものに石敷遺構がある（図110）。石敷遺構は、区画内のほぼ中央部に位置し、南北約二・八メートル（一間半）、東西約三・七メートル（二間）を測る長方形の土坑である。土坑内には約〇・四メートルの厚みで明黄褐色粘土を立ち上げ、壁状に仕上げている。壁の内側には小礫と砂を充塡し、さらに叩き締め床面としている。床面から地山面までは〇・二メートルの厚みをもち、石敷直上面には炭・灰層が薄く堆積するが（図111）、そこからは古瀬戸天目茶碗、花瓶、大平鉢、白磁反端皿、

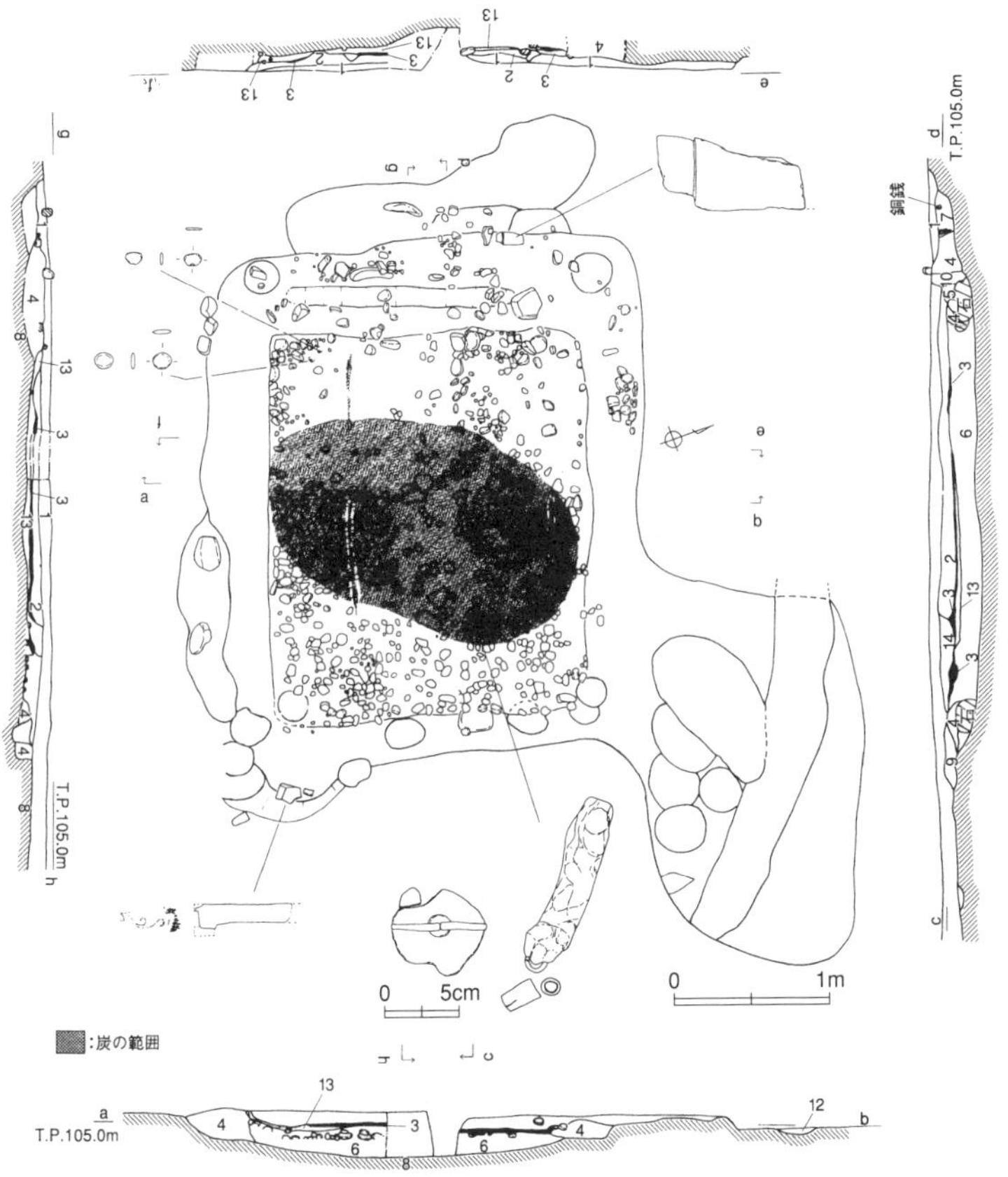

1. 褐灰色シルト（2と4がブロック混入）
2. 焼土・壁土（灰等少量混入）
3. 炭（上層に緑灰色砂質シルトが薄く堆積）
4. 明黄褐色粘土（固くしまり、礫混入）
5. 褐灰色シルト（2混入）
6. 灰黄褐色砂礫土（φ3～20cm大の礫多量に含む）
7. 黄灰色シルト（銅銭出土）
8. 浅黄色砂質シルト（地山）
9. 褐灰色シルト（1より赤色化）
10. 灰黄色シルト（少量4含む）
11. 褐灰色微砂混シルト（2多く含む、落ち込みの埋土）
12. 褐灰色シルト（炭・焼土含む、溝埋土）
13. にぶい黄褐色粘質土（一部焼けている）
14. 2に4がブロック混入

図111　石敷遺構平面・断面図

瓦質擂鉢・火鉢、土師器皿、東播系擂鉢などの土器類のほか、差込錠、青銅製環金具、骨製装飾品、鉄釘、黒玉碁石など、特異な遺物が多く出土している（図112・113）。当初、遺構自体の特殊性などから倉あるいは風呂などの施設ではないかと考えられた。しかし、当遺構の周囲に並ぶ柱穴などを検証し、三面あるいは四面の縁を設けた三間×三間の建物を復原することが可能ではないかと判断され、さらに、出土遺物の特殊性なども考慮し、三間堂ではないかと推定された。

本調査地点から南南東約〇・六キロの山頂部に『政基公旅引付』に登場する西光寺が現存するが、そこには三間堂である薬師堂が所在する。この薬師堂と復原された三間堂とを比較すると、驚くことに平面形および規模ともにほぼ一致するのである。現在の薬師堂建物は江戸時代中期のものではあるが、応永八（一四〇一）年の棟札が残っていることから長福寺の整備時期に近似している。さらには、薬師堂に近年まで葺かれていた軒平瓦と石敷遺構から出土した軒平瓦は同笵のものであることも確認されている。こうしたことから、石敷遺構と西光寺薬師堂（図114）との関連が注目されると同時に、石敷遺構は三間堂にともなった設備であったことはほぼ間違いないものとしている。

では、この石敷遺構はいったい何だったのであろうか。その構造から、以下の三点を基準に、全国での検出例を集成した。

①防御・防犯・防湿性の高いもの。
②重量物に耐えうる特殊な地盤構造のもの。
③基壇状建物であるもの。

その結果、栃木県足利市の法界寺跡に類似例を確認することができた。法界寺跡の発掘調査で検出された遺構ＳＢ〇九は、四面に縁をもつ三間×三間の礎石建物で、亀腹基壇を備えている。基壇

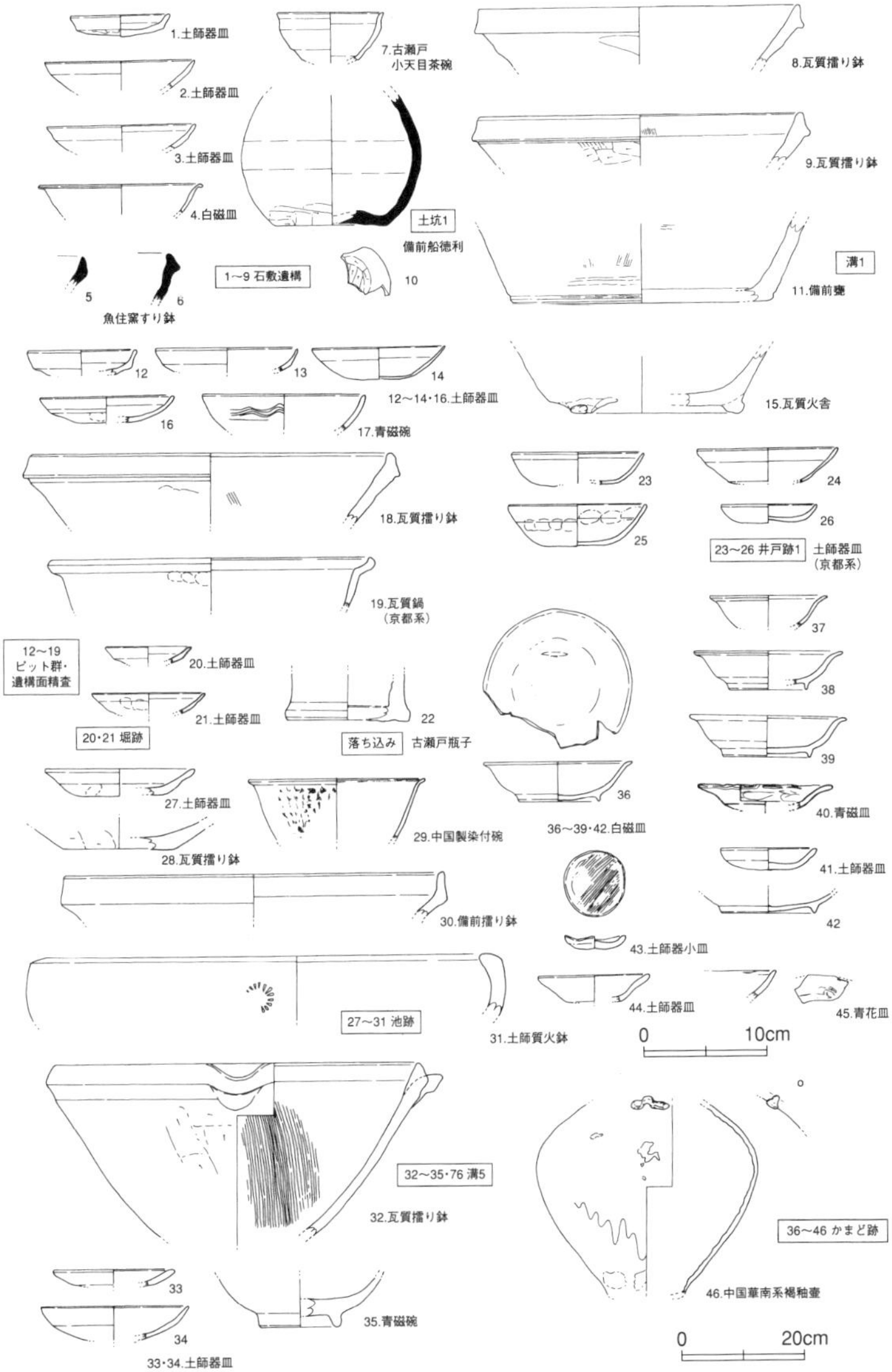

図112　長福寺堂跡出土遺物（土器・陶磁器）

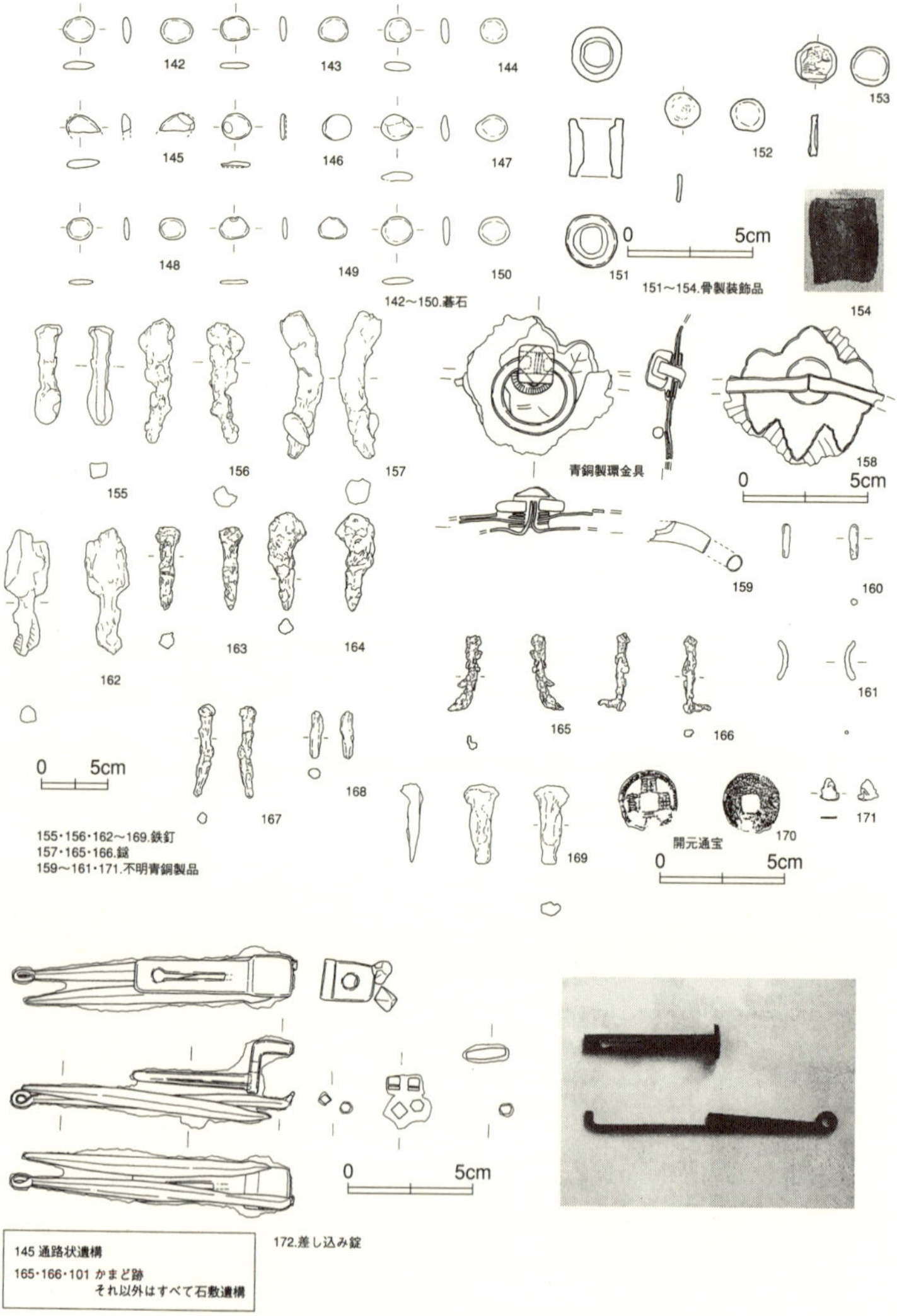

図113　長福寺跡出土遺物（石・骨・金属製品）

図114　西光寺薬師堂

の中央部に東西二・二メートル、南北一・二メートル以上の範囲で約〇・四メートル掘り込み、礫を充填している。上部には、須弥壇が設けられ、石組内には埋骨があったと推定されている。築造年代は十二世紀後半～十四世紀と報告されている。

現存する堂宇にも事例を求めたところ、金剛峯寺不動堂（和歌山県）、醍醐寺如意輪堂・日野法界寺阿弥陀堂・教王護国寺講堂（京都府）、鶴林寺本堂（兵庫県）、善水寺本堂（滋賀県）、富貴寺大堂（大分県）などに、堂下に埋骨あるいは経巻を納めたりする施設が存在する、あるいはしたことが確認された。

このようなことから、今回検出された石敷遺構内からは埋骨等の痕跡は見当らなかったものの、①の防御・防犯・防湿性の高い設備であった可能性が高く、上部には堂内でも重要な設備であったであろう須弥壇等が設置されていたことも想定されるのである。九条政基が在荘中に読経したり、村人がその庭先で念仏踊りなどを披露した、『政基公旅引付』に表れる「堂」であったのであろうか、興味が大いに引きつけられる遺構である。

三間堂のほか、方形区画内には堂に東接して池跡が存在している。池庭は十二世紀以降に盛行し、以降各寺院に設けられるが、京都市鹿苑寺（金閣寺）、慈照寺（銀閣寺）が有名である。なかでも銀閣寺は、造営地業が一四九〇年頃まで継続し、長福寺の整備時期とも一致しており、長福寺にも堂とセットになった庭園が整備されたことがうかがえる。

以上、今回の調査で確認された長福寺跡の概観を記述してみたが、限定された調査範囲にもかかわらず、非常に興味深い資料が数多く発見され、二〇〇五（平成十七）年七月十日付けで、日根荘の一五地点目の指定地、「長福寺跡」として指定された。指定範囲は長福寺の字名がある水田地帯である北側約八六〇〇平方㍍《メートル》である。

最後に、長福寺名の水田地帯は南側にも広がりをみせているが、二カ年にわたる調査結果から屋敷地あるいは建物等に関する遺構・遺物が確認されることはまったくなく、鋤溝などにみられる耕作関連遺構がわずかに検出されただけである。どのような経過によってこの一帯に地字名が残されてきたのかは不明であるが、確認されたわずかな耕作痕から、寺領範囲であったとも考えられる。いずれにしても、北側で確認されたような寺院関連施設が設けられることはなかったようである。

Ⅵ　日根荘の遺跡保存と景観

1　史跡指定から博物館へ

(一)　日根荘遺跡の史跡指定

日根荘は、一二三四（天福二）年の成立から約三〇〇年間、九条家支配がかろうじて命脈を保ちつづけたが、十六世紀の中頃には根来寺の支配下となり、九条家による支配は事実上の終焉を迎える。

その後、根来寺も織田信長、豊臣秀吉によりその勢力は一掃され、いよいよ天下統一へと向かい、長くつづいた戦乱の時代もようやく終わりを告げる。

しかし、日根荘をはじめとする泉南地域の村々は、その後も着実に歴史を刻みつづけ、現在へといたるわけだが、その間にも、江戸時代の新田開発や明治時代以降の耕地開発などをはじめとした、従来に比べ格段に規模も大きく、旧来の地形も一変してしまうような大規模開発の結果、中世のものはほとんど失われてしまった。

さいわいにも日根荘は、一三一六（正和五）年の「日根野村絵図」に描かれた景観が現在も現地によく残され、そのなかでも寺院境内や神社の森、あるいは用水路やため池などは、現在も村人の信仰の場あるいは生業の重要な施設として守られてきた。

しかしながら第Ⅲ章で記したように、関西新国際空港の建設といった国家的大プロジェクトを契機とした、空港連絡道路建設をはじめ関連するさまざまな開発事業が一挙に押し寄せたことにより、貴重な歴史的景観の壊滅が懸念されることとなった。このようななか、一九八七（昭和六十二）年の十二月に日本史研究会をはじめとした四学会による日根野シンポジウムが開催され、大阪府教育委員会に総合調査の要望が提出された。

こうした経緯を踏まえ日根荘の総合的な調査が実施されることとなったわけだが、調査期間はわずか二カ年と限られ、かならずしも満足な結果とはならなかった。とはいえ、初めてとなる行政主体による総合調査の実施であり、これからの文化財調査の指針となる画期的なものであったといえる。

この調査成果を公表するため、一九九〇（平成二）年十二月には泉佐野市内でシンポジウムが開催され、一九九三（平成五）年三月には調査報告書が刊行された。

この報告書が刊行されて一カ月後の四月十五日には、文化財保護審議会から文部大臣に日根荘遺跡を国史跡に指定するように答申が出された。この背景として、総合調査などの成果が高く評価され、指定の答申に大きく影響していたことはいうまでもない。

この後、事務処理に五ヵ年を費やし、一九九八（平成十）年十二月に指定告示が出されるところとなり、「荘園遺跡」の史跡指定地の誕生を迎えたのである。

しかし、荘園遺跡の史跡指定としては、すでに新潟県中条町、荒川町、黒川村、関川村、加治川村にまたがる「奥山荘《おくやまのしょう》城館遺跡」が、一九八四（昭和五十九）年に国史跡となっていた。奥山荘は、越後北部、胎内川の両岸部に拓かれた中世荘園であり、六〇〇数十点にもなる文献史料や絵図が残されることで著名な荘園であるが、それらとともに数々の城館遺跡が残されていることでも著名である。その城館遺跡の調査の結果、良好な状態で遺構や遺物が確認されることから、江上館跡、鳥坂城跡、金山城館遺跡など一〇カ所が史跡指定を受けたものである。

奥山荘城館遺跡の史跡指定は、地下に埋蔵されている遺構や遺物の発掘調査による成果を評価し、それらが重要であると判断したことによるものので、いわば従来の埋蔵文化財としての遺跡という概念による史跡指定であった。

一方、日根荘遺跡は、社寺境内地が含まれた広域的な村落遺跡であり、そこには農地や字名、農地を潤す用水路やため池などの灌漑体系、社寺、堂宇、石造物、墓地、埋蔵文化財などの遺跡、さらには現在にまで伝わる信仰や祭礼など、中世以来積み重ねられ、現在その眼前に広がる歴史的な村落景観そのものが史跡なのである。

そうしたことから、考古学調査成果による遺構や遺物の検証に留まることなく、総合的な見地から検証することはきわめて重要であるといえよう。こうしたことから、日根荘の調査が歴史学などの単独の分野に留まらず、民俗・建造物・地理などの分野と協力して実施されたことは、今後の荘園遺跡の研究に重要な指針を示したといえ、こうした事からすれば「荘園遺跡」としては全国初の史跡指定であろう。

図115　歴史館いずみさの

（二）歴史館いずみさの

日根荘の総合調査は、泉佐野市の重要な歴史遺産に対する保存への取組みを積極的に進展させる契機となった。『新修泉佐野市史』の編纂、さらには「市立歴史館いずみさの」（図115）の建設へと繋がっていったのである。

歴史館いずみさのは、当初泉佐野市立総合文化センターの一角に「郷土資料館」として建設が計画された。しかしながら泉佐野市を代表する歴史遺産である日根荘をテーマとした、わが国初となる「荘園博物館」としての構想が出され、計画のみなおしがなされた。

歴史館は、泉の森ホール（市立文化会館）、市立中央図書館、市立生涯学習センターとともに、一九九七（平成九）年六月に泉佐野総合文化センターとしてオープンした。全国の中世荘園に関する調査・研究の充実と資料の収集を図るとどもに、専門家などによって構成される「荘園研究会」も組織され、さまざまな事業展開をめざしたものとして、関係者などからは大いに期待されるなかでの開館となった。

展示室は約二五〇平方メートルと小規模なものであるが、展示は当然ながら中世荘園とし、そこでの人びとの生活や生業のありかたをできるかぎり理解しやすいようにと心がけ、中世の出土資料や歴史資料のみでなく、『政基公旅引付』から読み取れる重要な話題となる場面の模型を制作し、表現している。また、展示室中央部には、日根野の地形をベースとして復元された「中世荘園復元模型」を設置している。

展示しているこれらの模型は、考古、歴史、歴史地理、建築の各専門分野の学識経験者によって構成された委員会で検証されながら製作されたものである。また、レプリカではあるが、鎌倉時代末期の二枚の荘園絵図と九条政基による『政基公旅引付』など、日根荘を全国区へと押し上げるきっかけとなった、宮内庁書陵部所蔵の重要な史料も展示している。

「荘園とはむずかしい」といった印象を多くの人がもつなかで、「荘園が理解しやすくなった」といった感想も聞こえてくる一方、問題点も指摘されている。

中世荘園復元模型（図116）は、当初日根荘の村絵図を参考とし、日根野村の復元を計画した。しかし、日根野村に関する確実な情報量も不足するなかでは、あまりにも絵図の情報に偏った主観的な表現になる恐れが指摘された。そのため実際の復元模型は、十四、十五世紀の畿内の荘園村落の景観を参考にし、各専門分野からの提案に拠りながら、理念的に復元したものになっており、残念ながら日根荘の景観復原を目的としたものとは

図116　日根荘復元模型

なっていない。

　また、展示室は約二五〇平方《メートル》と小規模なもので、特別展示室は設けられていない。したがって、特別展あるいは企画展示などを実施する際は、いったん常設展示を撤去し、特別展などの展示品を並べることを余儀なくされている。そのため入れ替えの際は、館自身が休館となるため、遠方からの見学者には不便を招く場合もある。

　中世荘園といった歴史上難解なテーマの一つに取り組んだ歴史館いずみさのも、開館して一一年目を迎える。この間、荘園に関する特別展は、一九九八（平成十）年十月の「絵図は語る―荘園と村の景観―」と、二〇〇一（平成十三）年十月の『『政基公旅引付』とその時代』の二度開催された。いずれも見学者からは大変好評を得たようであるが、中世世界を陳列した展示品あるいは発刊された図録などの理解に留まってしまっている。

（三）荘園博物館の理想像

中世荘園村落の多岐にわたる各種情報を提供し、見学者に日根荘が歴史遺産として重要であることを広く普及することを目的とした歴史館は、その意味での役割は十分にはたしてきたといえる。しかし、本施設のもつ最も重要な役割は、見学者を歴史遺産が所在する現地へと導き、数々の貴重な歴史遺産を実体験してもらうことなのである。

このことは小山靖憲によって早くから提唱されてきたことであるが、屋内展示としての歴史館といった施設、屋外展示としての日根荘故地が残る現地、それら両者が一体となって初めて中世の歴史体験が可能となる総合的な荘園博物館の構想について、日根荘遺跡の史跡整備を進めていく過程で計画する必要性を今強く感じている。

荘園博物館の実現によって、一人でも多くの人びとに、現在に生きつづける日根荘を実感し、学びとってもらい、歴史的景観を保全することがなぜ今必要となってきているのか、といったことを理解するきっかけとなることを願うのである。

2　日根荘遺跡の保存と展望

（一）遺跡保存の現状と課題

日根荘遺跡は、埋蔵文化財として現地表下に眠る遺構や遺物のみを遺跡ととらえたものではない。一九八九（平成元）年発行の『遺跡保存の辞典』（文化財保存全国協議会発行）によれば、遺跡とは「過去の人間の生活・行動の痕跡であり、一定の空間・物質的資料をもつ場所そのもの」であり、さらに、「遺跡は、土地に構築されたもので動かすことのできない遺構と、人間が自然物を加工した製作物などで、出土場所を離れても意味を失わない遺物とで構成される」と定義されている。

このことからすれば、日根荘遺跡の一五カ所の指定地点は、二〇〇五（平成十七）年に追加指定を受けた「長福寺跡」と「香積寺跡」のみが遺構といえる。他の一三地点は地表面に石造物や建造物あるいは土木構造物が存在しており、遺構状況の把握をおこなうまでにはいたっていない。

いく度もいうようだが、日根荘遺跡は絵図あるいは『政基公旅引付』記載内容と現地比定が可能なことで一五地点が指定された。しかし各地点において荘園期の遺構・遺物が確認されているのは、長福寺跡のみである。さらに言えば、指定地点に建つ堂宇・祠などすべてにおいて中世のものはひとつもなく、その地点についても伝承地である。したがって、今後の調査の進展により指定範囲あるいは地点そのものの変更が発生することも懸念されるのである。

また、指定地点の核となる社寺やため池・水路などは、そこに住む人びとによって大切に維持され、現役として使用されつづけてきた。ここが日根荘遺跡の重要なポイントであり、この状態の存続が最も重要なこととなる。そのため、現役として維持しつづけるためには、途絶えることなく補修、改修が必要となってくる。文化財にとっては最も重要な問題であるいわゆる現状変更の問題が発生してくるのである。

史跡の現状を悪化させるような行為を排除するため、文化財保護法第四三条では、「現状を変更し、またはその保存に影響を及ぼす行為をしようとするときは、文化庁長官の許可を受けなければならない」と行為規制を定めている。そのため、日根荘遺跡においては答申が出されて以来、三〇件以上の現状変更許可申請書が提出されている。

ほぼ毎年数件の現状変更が生じていることになるが、このなかには状況的にやむを得ない場面も多いとはいえ、不幸なことに無許可による事前着工も含まれる。

この点が、継続的に使用が維持される史跡にとっては最大の問題点になることが、指定申請当初より認識されていた。その打開策の一つとして、二〇〇〇（平成十二）年から三カ年をかけ、史跡保存管理計画の策定を国庫補助事業として実施することとなった。

保存管理計画は、学識経験者、市関連部局長ならびに地元水利関係者により構成された「史跡日根荘遺跡保存管理計画策定専門委員会」に諮りながら策定を進行した。計画策定は、貴重な文化財としての保護と維持管理による現状変更の競合抑止を目的に、適切な保存と管理の方針を策定することとし、二〇〇二（平成十四）年三月「史跡日根荘遺跡保存管理計画書」として刊行した。

報告書は四章立てで、第三章第一節で基本方針、第二節で保存管理運用基準、第三節では各指定地点（当時一四地点）の保存管理計画を記述している。

現状変更への対処基準となる第二節の保存管理運用基準は、「指定範囲内における保存管理の必要性と効果度、利用（活用）性の見込みをまず考慮し、あわせて土地利用の現状、遺構の残存状況および今後の維持補修等の必要性を総合的に勘案して、第Ⅰ種から第Ⅲ種までの三つの区域と地点、物件に区分し、遺構の保存と所有者・権限者との調整を図っていく」としている。

現在は、本基準を適用しながら、発生してきた現状変更に対処しているところであるが、現実としてはほとんどスムースに経過することはなく、発生のたびに新たな問題点が見えてきている。

このように新たな課題への対処は、今後ますます加速化する時代の変化も視野に入れながら、保存管理計画の改訂等についても十分に考慮していかなければならない。

さて、二〇〇五（平成十七）年度に新たに追加指定となった「長福寺跡」は、日根荘遺跡では初めて埋蔵文化財調査の成果によって指定された地点である。

長福寺跡で発掘調査が実施されることとなった契機は、長福寺跡伝承地を含んだ約八㌶（当初は一四㌶）にわたる樫井川左岸部一帯の下大木地区で、圃場整備事業が計画されたことによる。

計画は、地権者らで構成された「大木地区圃場整備推進委員会」が一九九七（平成九）年度に設立され、一九九八（平成十）年度に各地権者から事業同意の取得をほぼ完了、泉佐野市へ事業実施の要望を提出するという経緯で進められた。

事業は、農村振興総合整備事業の一環として進められ、農林水産省の補助事業として実施することとなった。泉佐野市農林水産課と泉佐野市教育委員会とは、当該事業範囲内に日根荘における重要地点である「長福寺跡」の故地が含まれることから、文化財保護と事業実施の進め方について協議を重ねた。

この協議の結果、二〇〇二（平成十四）年度に事業地範囲のほぼ全域で試掘・確認調査をおこない、二〇〇三（平成十五）年度には本調査をおこなうこととなった。さらに、重要遺構などが確認された場合は、その範囲を確定した上で保存協議をおこなうこととなった。また、日根荘総合調査の成果を再度検証した上で、二〇〇三（平成十五）・二〇〇四（平成十六）年度の二カ年で分布調査を実施することとした。分布調査の内容は、灌漑水利調査、歴史地理等の調査である。なお、これらの調査計画は、文化庁および大阪府教育委員会との協議・調整のなかで進められたことはいうまでもない。

その後、日本史研究会をはじめとする四学会と地元の一保存団体から保存要望が出され、文化財調査を含めた事業計画の策定にあたっては、「農村振興総合整備検討委員会」を設置し、そこに諮りながら調査および策定を進めることとなった。委員会は学識経験者、行政関係者、地元代表者といったメンバーで構成されたが、着目すべきは文化財部局と開発事業部局双方の学識経験者、行政関係者、市民代表者が参加したことである。

このことで、双方からの幅広い意見が出されることを期待し、文化財の適切な保存と活用が十分に盛り込まれた事業計画の策定をめざした。

検討委員会は、二〇〇二（平成十四）年九月五日に第一回目が開かれ、二〇〇五（平成十七）年三月七日の第六回を最後に、計六回開催された。この間、地元大木地区で学識経験者の各委員と地権者らとの意見交換会なども数度にわたって開催され、多様な意見が交換された。これらにより、最終第六回には、圃場整備事業に関するハード、ソフトの両方で構成された計画概要が農林部局から提出された。また、文化財部局側からは、結局三カ年にわたる確認調査ならびに分布調査によって、所在地あるいは範囲等が確定された「長福寺跡」を、日根荘遺跡の一五地点目の追加指定地として申請することが報告された。

このような経過をたどって、長らく伝承地として知られるのみであった「長福寺跡」が、学問的に検証され、国史跡として永久に保護されることとなったのである。日根荘遺跡としては、初となる考古学と歴史学とが協力しあった学際研究の成果による史跡指定である。

この追加指定は、文化財に対する地元地権者の深い理解と協力によって、圃場整備事業を断念し、事業地からはずれることで可能となった。またさらに、大木地区に残されてきた歴史的な景観の壊滅を危惧した学会等からの適切な指摘と事業計画策定にあたっての協力があったことも看過することができない。ただし、今回の保存団体による一連の運動は、次世代へと田園景観を保持することを希望し、圃場整備事業へと踏み切った地元地権者と、長い年月を経ながら形成されてきた歴史的景観の保持を訴える保存団体との双方の意見の隔たりが埋められなかったことで、最終的には地元地権者の強烈な反発を招く結果となった。

荘園遺跡の保存を維持していくには、田園景観をどのように保全していくのか、といったことが最大の課題として浮上してくる。田園維持にかかわる農業従事者の激減や高齢化、さらには次世代の担い手など、抱える問題はあまりにも多い。それに対応する手法として、今回は圃場整備事業が取り入れられたのである。このため、従来みられた田畑の形状は、三段となって広がる段丘面については極力その形状を保持することとなったが、面としては方形に画一化された田畑に変化することを容認せざるを得なかった。歴史的景観の保持と田園空間の維持保全といった、今後の荘園遺跡の保存に対する問題点を大きく露呈することともなった。

(二) 日根荘遺跡の今後

今後の日根荘遺跡が抱える重要な課題には、文化財としての日常管理とともに、確実に保存し、将来まで当遺産を保護継承していくため、早急な整備事業の実現が取り上げられる。整備事業へと進展する第一段階には、整備基本計画の策定が取り上げられるが、むろんこの計画は二〇〇二（平成十四）年度策定の保存管理計画を上位計画として策定することが肝要である。

保存管理計画では、日根荘遺跡の今後の史跡整備に向けて、短期および中・長期的な段階的整備計画の策定が必要と記されている。また、整備計画策定へと進展する事前作業として、以下に示す三点が必要と提示している。

①史跡の説明版および指定範囲の確定。

②調査の実施と保存。

③追加指定等。

まず①点目であるが、慈眼院や火走神社など一部の指定地点には、国宝あるいは重要文化財などの指定文化財が既存しており、それらに関しての説明版がすでに設置され、見学者等への便宜を図っている。しかしながら、その説明版には日根荘遺跡の説明はまったく記載されていない。また、説明版や駅前などに既設の案内板の仕様もまちまちで統一性はうかがえず、利用者にとっては理解しにくい事態を招いている。このことは、早くから保存団体からも指摘を受けている。

次に②点目であるが、長福寺跡を除く一四地点は、部分的に文献資料から当時の景観を復元することが可能とはいえ、その実態については発掘調査をはじめとした総合的な文化財調査による把握が不十分な点を指摘されており、整備や活用を進展させるための情報量があまりにも不足しているという現実がある。長福寺跡で実施した調査を踏襲し、各指定地点の計画的な調査方法を検討することが必要である。

最後の③点目であるが、広域に散布する中世の複数遺跡の総体として、一つの荘園遺跡ととらえたのが日根荘遺跡である。そのため、遺跡そのものが一五カ所の指定地点のみに留まるものでないことは周知の事実となっている。今後は、追加指定を含めた他遺跡の保存方法等についても検討することが必要である。しかしながら、それらはすべて個人地あるいは地域で現在も使用されている施設である。②と同様に、計画的な調査の実施がのぞまれるが、将来的に発生する問題点も見据えながら対処検討することが必要であろう。

日根荘遺跡は、人文的遺産と地域住民との生活空間が一体となって形成され、良好な歴史的風土が評価された中世荘園遺跡である。しかし、得てしてその価値の存在に気づかないのが、日々そこで暮らす市民である。市民にとって、日常の見慣れた空間に重要な価値が存在しているということを発見するのは困難であり、それはわれわれ自身に振り返ってみても納得のできるところが多いものである。

現在、日根荘を主体として、その周辺に広がる景観に文化財としての価値を見出すことを目的として、日根荘の文化的景観保存事業を二〇〇五（平成十七）年度より実施展開している。

この文化的景観は、二〇〇五（平成十七）年四月一日の文化財保護法の改訂にともない新たに法制化された制度で、そこには「地域における人びとの生活または生業および当該地域の風土により形成された景観地でわが国民の生活または生業の理解のため欠くことのできないもの」（文化財保護法第二条第一項第五号）と定義されている。

この考えは、日根荘遺跡にとって重要課題となっている景観保全をめざすために現在のところ最も適切な施策であるとされる。現在は調査段階であるが、今後は文化的景観保存計画の策定、さらに日根荘が重要文化的景観へと選定されることをめざしている。

新たな制度への取り組みも検討しながら、日根荘遺跡が有する本質的価値を広く知らしめつつ、遺跡の保護・保存を進めることが最も肝心なことは十分に認識するものの、市民へのピーアールが不足していることは否めず、行政がなすべき点の多いことをあらためて痛感するものである。

日根荘遺跡の整備ならびに活用のあり方に関しては、まだ問題が山積みであるが、今後もこれまで日根荘の重要性を提起してきた保存団体等をはじめとする関係諸団体との協力関係のもとに進めることが必要である。また、指定地のもつ潜在的な課題解決のためには、情報を広く公開し、市民の協力をできるだけ得て、さらにその力を活用すべきではないかと考える。たとえば長福寺跡は、その周辺は圃場整備事業の実施によって田園景観が今後も保持されていくことになっている。このような背景にあって、この指定地に最も適した整備あるいは活用方法として、従来各地で展開されてきた復元型整備が適していないことは至極当然なことであろう。となれば、地域住民の積極的な参加によって初めて可能な整備、農空間を維持した整備なども考えられるのである。こうしたことによって、日根荘遺跡がもつ荘園村落遺跡としての価値を保持することができ、なおかつ文化財がもつ国民的財産としての価値を発揮するものとなっていくのである。

歴史館いずみさの

住　　所　〒598－0005　大阪府泉佐野市市場東１丁目295－１
　　　　　ＴＥＬ072－469－7140　ＦＡＸ072－469－7141
開館時間　午前９時～午後５時（入館は午後４寺30分まで）
休 館 日　毎週月曜日（祝日の場合を除く）
　　　　　祝日の翌日（土曜日・日曜日の場合を除く）
入 館 料　一般　300円
　　　　　高校・大学生　200円
　　　　　　※団体（20名以上）の場合は以下の通り。
　　　　　　　一般　200円
　　　　　　　高校・大学生　100円
　　　　　　※特別展示のときの観覧料は別に定める。
交　　通　〈南海本線〉
　　　　　　なんば駅　→　泉佐野駅　特急約30分
　　　　　　和歌山市駅→　泉佐野駅　特急約30分
　　　　　　泉佐野駅より徒歩15分
　　　　　〈ＪＲ阪和線〉
　　　　　　天王寺駅　→　熊取駅　　快速約30分
　　　　　　熊取駅よりバス約10分
　　　　　　和歌山駅　→　日根野駅　快速約25分
　　　　　　日根野駅より徒歩約20分

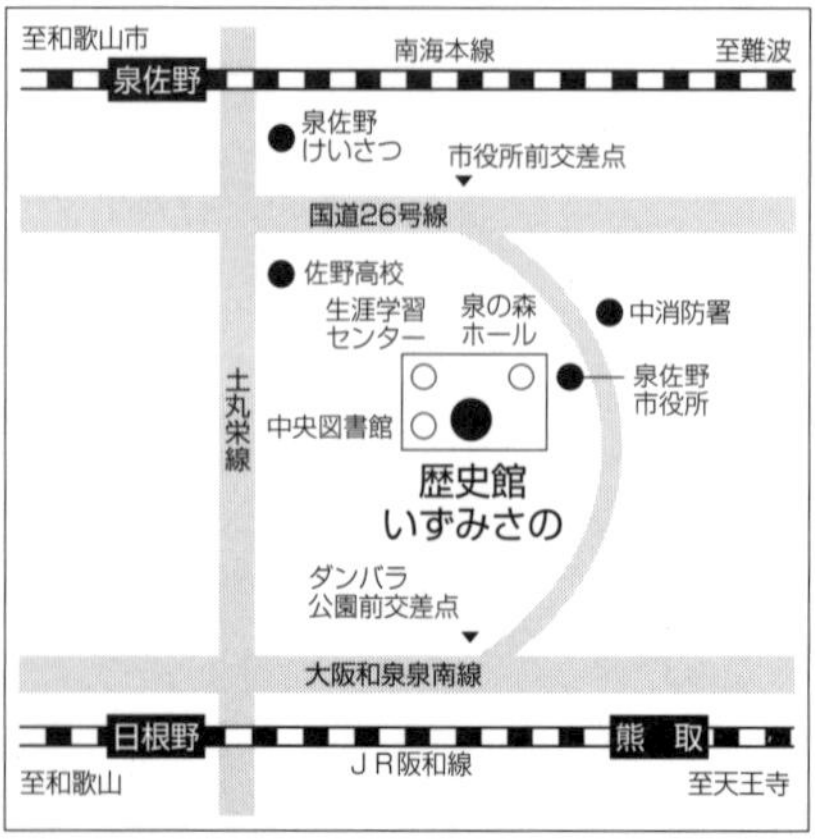

参考文献

阿諏訪青美・長谷川裕子　二〇〇〇・二〇〇一「日根荘入山田の石造物」一・二『泉佐野市史研究』六・七号

天岸正男・奥村隆彦　一九七三『大阪金石志』

安藤精一　一九九九・二〇〇〇「近世宮座の展開」一・二『泉佐野市史研究』五・六号

飯沼賢司　二〇〇二「絵図からみる神社と荘園開発」『新体系日本史3　土地所有史』新人物往来社

泉佐野市　一九五八『泉佐野市史』（復刻版）

泉佐野市　二〇〇一『新修泉佐野市史　第四巻』史料編古代・中世Ⅰ

泉佐野市　二〇〇四『新修泉佐野市史　第五巻』資料編中世Ⅱ

泉佐野市　一九九九『新修泉佐野市史　第一三巻』絵図地図編

泉佐野市　二〇〇六『新修泉佐野市史　第九・一〇巻』考古編・民俗編

泉佐野市教育委員会　一九八八『泉佐野市埋蔵文化財発掘調査概要Ⅷ　昭和六二年度』

泉佐野市教育委員会　一九八九『泉佐野市埋蔵文化財発掘調査概要Ⅸ　昭和六三年度』

泉佐野市教育委員会　一九九二『泉佐野市埋蔵文化財発掘調査概要　平成三年度』

泉佐野市教育委員会　一九九三『泉佐野市埋蔵文化財発掘調査概要　平成四年度』

泉佐野市教育委員会　一九九五『泉佐野市埋蔵文化財発掘調査概要　平成六年度』

泉佐野市教育委員会　二〇〇一『泉佐野市埋蔵文化財発掘調査概要　平成一二年度』

泉佐野市教育委員会　一九八四『湊遺跡―八四―二区の調査―』泉佐野市埋蔵文化財調査報告Ⅳ

泉佐野市教育委員会　一九八七『檀波羅蜜寺―八六―四区の調査―』泉佐野市埋蔵文化財調査報告Ⅸ

泉佐野市教育委員会　一九八五『湊遺跡―八四―六・八五―一区の調査―』泉佐野市埋蔵文化財調査報告Ⅵ

泉佐野市教育委員会　一九八七『檀波羅蜜寺―八六―四区の調査―』泉佐野市埋蔵文化財調査報告Ⅸ

泉佐野市教育委員会　一九八七『泉佐野市高松東・上町・市場町所在　泉佐野駅上地区試掘調査報告書―泉佐野駅上地区再開発に伴なう調査―』泉佐野市埋蔵文化財調査報告ＸⅡ
泉佐野市教育委員会　一九九〇『上之郷遺跡発掘調査概要―市立上之郷小学校新築工事に伴なう発掘調査―』泉佐野市埋蔵文化財調査報告ＸⅤ
泉佐野市教育委員会　一九九三『湊遺跡―九〇―四区の調査―』泉佐野市文化財発掘調査報告二七
泉佐野市教育委員会　一九九三『檀波羅遺跡―九二―一区の調査―』泉佐野市文化財発掘調査報告三三
泉佐野市教育委員会　一九九三『南中安松遺跡』泉佐野市埋蔵文化財発掘調査報告三九
泉佐野市教育委員会　一九九五『白水池遺跡―九四―一区の調査―』泉佐野市埋蔵文化財発掘調査報告四三
泉佐野市教育委員会　一九九九『岡口・中嶋・小塚・白水池遺跡―日根野土地区画整理事業に伴う―』泉佐野市埋蔵文化財発掘調査報告五六
泉佐野市教育委員会　二〇〇一『若宮・上町東遺跡　南海本線（泉佐野市）連続立体交差事業に伴う発掘調査』泉佐野市埋蔵文化財発掘調査報告六一
泉佐野市教育委員会　一九九三『市場西遺跡（九二―一区の調査）』泉佐野市埋蔵文化財発掘調査概要第一七号
泉佐野市教育委員会　一九九六『樫井西遺跡（九五―一区の調査）』泉佐野市埋蔵文化財発掘調査概要第二二号
泉佐野市教育委員会　一九九七『日根野遺跡（九六―二区の調査）』泉佐野市埋蔵文化財発掘調査概要第二七号
泉佐野市教育委員会　一九九七『森山遺跡（九七―一区の調査）』泉佐野市埋蔵文化財発掘調査概要第三一号
泉佐野市教育委員会　二〇〇五『日根荘遺跡範囲確認調査・詳細分布調査報告書』
泉佐野市教育委員会　一九九三『泉佐野市の文化財　基礎調査報告書』（一・二）
泉佐野市教育委員会　一九九二『泉佐野の神社建築』泉佐野の歴史と文化財第一集
泉佐野市教育委員会　一九九三『泉佐野の遺跡―原始・古代編―』泉佐野の歴史と文化財第二集
泉佐野市教育委員会　一九九五『泉佐野の遺跡―中世編―』泉佐野の歴史と文化財第三集

泉佐野市教育委員会　一九九六『泉佐野の史跡—街道にみる史跡編—』泉佐野の歴史と文化財第四集
泉佐野市教育委員会　一九九七『泉佐野の祭り—日根神社まくら祭り・春日神社夏祭り—』泉佐野の歴史と文化財第五集
泉佐野市教育委員会　一九九八『泉佐野の文化財』
泉佐野市教育委員会　二〇〇一『日根荘中世石造物調査報告書』
泉佐野市教育委員会　二〇〇三『史跡日根荘遺跡保存管理計画書』
泉佐野市教育委員会　二〇〇四『日根荘遺跡詳細分布調査概要　泉佐野市大木の調査』
泉佐野市史編さん委員会　一九九八『泉佐野市史資料　泉佐野の社寺に残る棟札資料』
泉佐野市史編さん委員会水利部会　二〇〇三『平成一四年度大木地区灌漑水利調査の概要』
泉佐野市史編さん委員会民俗部会　一九九九『泉佐野市民俗調査報告書第一集　土丸の民俗』
泉佐野の歴史と今を知る会事務局　一九九一「弘化四年の［入山田庄］をとる」『会報』第三五号
泉佐野の歴史と今を知る会事務局　二〇〇二「大木で圃場整備の計画」『会報』第一六七号
泉佐野の歴史と今を知る会事務局　二〇〇二「大木の圃場整備に向けた委員会開かれる」『会報』第一七七号
泉佐野の歴史と今を知る会事務局　二〇〇三「大木で試掘調査現地説明会が開かれる」『会報』第一八三号
泉佐野の歴史と今を知る会事務局　二〇〇三「大木の圃場整備にかかわる第三回委員会が開かれる」『会報』第一九〇号
泉佐野の歴史と今を知る会事務局　二〇〇三「再び試掘調査—大木の圃場整備計画地で」『会報』第一九一号
泉佐野の歴史と今を知る会事務局　二〇〇三「泉佐野市　圃場整備にむけてアンケート実施か」『会報』第一九二号
泉佐野の歴史と今を知る会事務局　二〇〇五「動向」『泉佐野の歴史と今を知る会会報』第二〇九号
井田寿邦　一九九〇「歴史をさぐる今ひとつの試み」『泉佐野の歴史と今を知る会会報』第二二号
井田寿邦　一九八八「カイトからみた日根野地域の展開」『日本史研究』三一〇号

井田寿邦　一九九〇「大木の寺社景観」『泉佐野の歴史と今を知る会会報』第六八号
井田寿邦　一九九七～一九九八「日根野・井川を調べる（一～一二）」『泉佐野の歴史と今を知る会会報』第一一四～一二六号
井田寿邦　一九九五「和泉国　日根荘」『講座日本荘園史8　近畿地方の荘園Ⅱ』吉川弘文館
大阪府　一九八五『重要文化財　総福寺鎮守天満宮本殿修理工事報告書』
大阪府学務部　一九二九『大阪府史蹟名勝天然記念物　第四冊』
大阪府教育委員会　一九七三『檀波羅蜜寺跡発掘調査概要―泉佐野市中庄所在―』大阪府文化財調査概要一九七二―九
大阪府教育委員会　一九八七『歴史の道調査報告書第一集　熊野・紀州街道』
大阪府教育委員会　一九八九『昭和六三年度有形文化財・無形文化財等総合調査報告書』
大阪府教育委員会・泉佐野市教育委員会・大阪府埋蔵文化財協会　一九九一『シンポジウム　日根荘総合調査が語るもの―中世荘園世界の解明をめざして―』
大阪府文化財調査研究センター　一九九五『中嶋遺跡他三区・八～一三区』（財）大阪府文化財調査研究センター調査報告書第三集
大阪府文化財センター　一九九六『植田池・長滝・安松遺跡　関西国際空港連絡道路建設に伴う発掘調査報告書Ⅲ』（財）大阪府文化財センター調査報告書第七集
大阪府文化財センター　二〇〇三『泉佐野市湊・旭町・大宮町所在　湊遺跡他―南海本線（泉佐野市）連続立体化工事（第一工区）に伴う発掘調査報告書―』（財）大阪府文化財センター調査報告書第八七集
大阪府文化財センター　二〇〇四『泉佐野市湊・旭町・大宮町・若宮町・大西町所在湊遺跡他Ⅱ　南海本線（泉佐野市）連続立体交差事業（第一～三工区）に伴う発掘調査報告書』（財）大阪府文化財センター調査報告書第一一一集

大阪府埋蔵文化財協会　一九九五　『末廣遺跡・中開遺跡・松原遺跡　関西国際空港連絡道路ならびに連絡鉄道建設に伴う発掘調査報告書Ⅱ』（財）大阪府埋蔵文化財協会調査報告書第八九輯
大阪府埋蔵文化財協会　一九八九　『三軒屋遺跡　空港連絡道路代替地造成事業に伴う発掘調査報告書』（財）大阪府埋蔵文化財協会第四七輯
大阪府埋蔵文化財協会　一九九〇　『日根野・机場遺跡発掘調査』現地説明会資料二七
大阪府埋蔵文化財協会　一九九二　『日根荘とその周辺―空港関連事業の調査から―』
大阪府埋蔵文化財協会　一九九四　『日根荘総合調査報告書』
宮内庁書陵部　一九六二　『図書寮叢刊　政基公旅引付』養徳社
宮内庁書陵部　一九七一　『図書寮叢刊　九条家文書一』明治書院
熊取町　一九九四　『熊取町史　史料編Ⅰ』
小山靖憲　一九八七　「荘園村落の開発と景観」『絵図にみる荘園の世界』小山靖憲・佐藤和彦編、東京大学出版会
小山靖憲　一九九五　「［正和五年日根野村絵図］再考」『泉佐野市史研究』一号
小山靖憲　一九九五　「和泉国日根荘」『中世のムラ』石井進編、東京大学出版会
小山靖憲　二〇〇二　「後世に残したい大木地区の景観」『泉佐野の歴史と今を知る会会報』一七〇号
佐野順三　一九九三　「大木の旧神社について」『泉佐野の歴史と今を知る会会報』六七号
白石博則　一九八八　「想像をかりたてられる中世城郭」『泉佐野の歴史と今を知る会会報』九号
白石博則編　一九八九　「調査の手引き　土丸・雨山城を歩く」『泉佐野の歴史と今を知る会資料集』五号
白石博則　一九九〇　「中世城館の調査法と課題」泉佐野の歴史と今を知る会創立一周年『日根荘調査一年の成果』
田中米雄　二〇〇一　『泉南の街道および水間寺への道』中井書店
坪之内徹　一九八七　「中世日根野地域をめぐる遺跡と遺物」『歴史科学』一一一号
坪之内徹　一九八八　「中世における荘園の開発と考古学上の問題点」『日本史研究』三一〇号

東京学芸大学日本史中世ゼミ　一九八六『和泉国日根荘現地調査報告』
東京大学文学部国史研究室中世史研究会　一九六八『「図書寮叢刊　政基公旅引付」索引』
野々宮古文書研究会　一九九三「野々宮文書史料集」『泉佐野の歴史と今を知る会資料集』二一一号
廣田浩治　二〇〇三「「政基公旅引付」にみる長福寺」『泉佐野の歴史と今を知る会会報』一八三号
藤木久志　一九九五「戦場の村の危機管理」『日根野と泉佐野の歴史二　荘園に生きる人々　政基公旅引付の世界』
小山靖憲・平雅行編、和泉書院
藤木久志　一九九七『戦国の村を行く』朝日新聞社
古田昇・額田雅裕　一九九四「泉佐野平野の地形とその変化」『和歌山地理』一四号
古田昇・額田雅裕　一九九五「樫井川の段丘地形と灌漑」『和歌山地理』一五号
文化庁文化財部記念物課　二〇〇五『農林水産業に関連する文化的景観の保護に関する調査研究報告書について』
溝端常次郎　一九七八「熊野街道にあった［古刹］檀波羅蜜寺について」『摂河泉文化資料』一一号
村田修三　一九九五「雨山・土丸城と中世城郭史」『日根野と泉佐野の歴史一　歴史の中の和泉　古代から中世へ』小
山靖憲・平雅行編、和泉書院
村田修三　二〇〇三「土丸・雨山城の評価について」『史跡日根荘遺跡保存管理計画書』
桃山学院大学杉本ゼミナール　一九七五『和泉火走りの里　大阪府泉佐野市大木地区調査報告』
歴史館いずみさの図録　一九九六『葛城修験と犬鳴山七宝滝寺展』
歴史館いずみさの図録　一九九八『絵図は語る―荘園と村の景観―』
歴史館いずみさの図録　二〇〇〇『水にかける想い―和泉と水・雨乞いを中心に―』
歴史館いずみさの図録　二〇〇一『「政基公旅引付」とその時代』
歴史館いずみさの図録　二〇〇三『泉佐野の街道と名所を歩く』

あとがき

　私がはじめて泉佐野市を訪れたのは、二八年前のまだ学生時代のことである。本市長滝に所在する三軒屋遺跡の発掘調査に参加するためであった。個人住宅の建設に先立った調査で、この頃本市では文化財を担当する職員が配置されていなかったため、大阪府教育委員会によって発掘調査が行われていた。狭い調査区ではあったが、縄文時代後期の土器や石器が大量に出土し、今まで経験したことのない感銘をうけたことを憶えている。その後、自身の調査現場の主舞台が南河内に移りこの地とは疎遠となったが、二年後、縁あって本市に文化財担当者として配属されることとなった。その後現在にいたるまで、関西国際空港の建設といった巨大プロジェクト関連の開発などで、学生時代にみたのどかな風景はずいぶん様変わりしてしまった。休憩時間、現場近くの小川でザリガニ釣に興じていたころが大変懐かしく感じられる。

　今から九年前に全国で初めて荘園村落遺跡として史跡指定された「日根荘遺跡」は、われわれの記憶の片隅に残る原風景の断片をかろうじて保存したものである。しかし「中世荘園」とはいっても、一部の寺社境内に建物などがあるだけで、当時を語るものはほとんど残されていない。中世荘園である日根荘の姿がどのようなものであって、どのようによみがえらせることができるのかは、これからの発掘調査や文献研究の進展にかかわっている。これは将来の楽しみであり、それと同時に、荷の重い大変な課題である。

また、全国初の荘園遺跡というたいそうなお題目にしては、訪れる人も少なく、現在の「日根荘」の姿はあまりにもさびしい。日根荘遺跡の保存は、たんに「歴史遺産」の保護といった問題ではなく、地域住民にとっても、そこを訪れようとしている人々にとっても、「歴史的あるいは文化的景観」の保護のあり方が大変重要となってくるのである。

最後にはなったが、本書を書くにあたって多くの方々にさまざまなことを教えていただき、さらには資料作成においても写真あるいは図面を快く提供していただいた。この場をお借りして厚くお礼申し上げます。

また筆の大変遅い私に対し、原稿を読んで適切な助言を下さるなどしてがまんづよく待っていただき、出版にこぎつけていただいた、編集部の工藤龍平氏にもあわせてお礼申し上げます。

菊池徹夫
坂井秀弥　企画・監修「日本の遺跡」

20　日《ひ》根荘《ねのしよう》遺《い》跡《せき》

■著者略歴■

鈴木陽一（すずき・よういち）

1957年、大阪府生まれ
大阪経済大学経営学部卒
現在、泉佐野市教育委員会社会教育課主幹
主要著書等
「日根荘園内及びその周辺の遺跡」『ヒストリア』1987年
『泉佐野の遺跡―中世編―』（共著）1995年
「新修泉佐野市史」（共著）泉佐野市、2005年ほか

2007年4月5日発行

著　者　鈴　木　陽　一
発行者　山　脇　洋　亮
印刷者　亜細亜印刷㈱

発行所　東京都千代田区飯田橋 4-4-8　東京中央ビル内　**(株)同成社**
TEL 03-3239-1467　振替 00140-0-20618

ISBN978-4-88621-386-0 C3321